［プルーフマーケティング］

PROOF MARKETING

ギネス世界記録®の市場突破力

MOTONORI IWASAKI
岩崎慕了　協力＝ギネスワールドレコーズジャパン

宣伝会議

はじめに

「ギネス世界記録」と聞いて、皆さんは一体どんな世界記録を思い浮かべるでしょうか。世界一落下角度が急なローラーコースター、最高の興行収入をあげた俳優、アスリート達のワールドレコード、革新的な技術、超人的な身体の持ち主など、実に様々でしょう。

いずれにせよ、ギネス世界記録がつくってきたのは「世界一への扉」です。

今日まで多種多様なチャレンジが測定され、認定され、祝福を贈られてきました。1年で申請されるチャレンジの中からギネス世界記録として認定に至るのはわずか5%、さらにその記録を更新するためのチャレンジは、今日も世界中で繰り広げられているのです。

ギネス世界記録とは「世界ナンバーワン」の証明であり、そのすごさを世界中の人々に一瞬で伝える威力を持っています。ギネス世界記録がこれほどまでに世界中の人々を魅了するのは「頂点へと挑む勇気」が驚きを与えるからであり、そこにあるのは感動にほかなりません。

誰もが知っている、絶対的な世界ナンバーワンの証。

マーケターとして、この最強の文脈を応用しない手はない。

そう思い立ち、考えたのが「Proof Marketing（プルーフマーケティング）」という仕組みです。

広告が効かなくなったといわれる時代ですが、なにか突破口となりうる手立てはないものか、と試行錯誤する中で出あったのが、「プルーフポイント」というキーワードでした。

プルーフとは「証明・証拠」を意味します。

「プルーフポイント」とは、もともとブランド戦略で使われている言葉です。証明すべき事項を集約させることで一気に企業の成功を導くポイントのことを「プルーフポイント」といいます。「あるアイデアや流行もしくは社会的行動が、敷居を越えて一気に流れ出し、野火のように広がる劇的瞬間」をティッピングポイントと呼びますが、これに近いニュアンスで使われています。

私は、「プルーフポイント」を商品やブランドの設計、そしてコミュニケーションに応用することで、マーケティング課題を突破していく例をいくつも見てきました。その鮮やかなブレイクスルーを目の当たりにした経験と感動こそ、この「プルーフマーケティング」の本を書こうと思った一番の動機です。とりわけデバイスの発達により、スマートフォンやタブレットなど情報をデジタルで送受信するツールが身近になったいまこそ、驚きのある「事実」を証明するプルーフマーケティングは有効だと考えています。

本書ではデジタル時代に馴染んだ消費者の行動変化を商機と捉え、第三者によって証明できるファクト（事実）ベースのコミュニケーションを通じて「新たな需要をつくっていく」方法を探っていきます。

その仕組みをプルーフマーケティングと定義し、消費者の興味関心をひく実証型のコミュニケーションを、戦略的に構築することを目指します。

ギネス世界記録を活用したプルーフマーケティングの最大のベネフィットは、企業や売り手が主語ではなく、顧客視点で商品のよさを伝える文脈づくりができることにあります。

まず、世界一であると証明することは、消費者に驚きを与えます。この驚き自体が強力なコンテンツとなります。記録だけでなく、記憶に残りやすいため、好感をもって認知されるという利点もあります。さらにナンバーワンに挑戦するプロセスでは、共感や感動も生まれます。記録挑戦に参加すれば「誰かに話したい」という動機を強く刺激し、拡散にもつながりやすい。ギネス世界記録の活用は、「モノが売れない、伝わらない」というマーケターの悩みを突破する可能性を十分に秘めているというわけです。

顕在化しているターゲットを細分化して効率的なアプローチをするだけでなく、そのもっと手前の段階で、ターゲットを大きく網掛けし、需要を喚起できないか、情報を発信してもスルーされてしまうターゲットに振り向いてもらえないか。そう考えているマーケターにこそ、ギネス世界記録という誰もが知っている「客観的事実」を使った、「絶対的ナンバーワン」という強力なコミュニケーションを活用してほしいのです。

マーケターの皆さんが直面している様々なマーケティング課題に対し、「事実」を実証するプルーフマーケティングが、その解決の糸口になれば、ギネスワールドレコーズジャパンの戦略パートナーとして活動している私にとって、こんなにうれしいことはありません。どうぞ最後までお付き合いください。

岩崎 慕了

目次

● 第6章 ギネス世界記録を活用した

国内外のプルーフマーケティング成功事例

◉第1章

新たな消費を誘発する仕組み

なぜ、いまプルーフマーケティングなのか

「広告が効かない」と感じていませんか？

「広告が効かなくなった」。企業のマーケティング担当者の方とお話しすると、この常套句が出てきます。伝えたいメッセージが、以前のようには消費者に伝わらない、という悩みです。

人気タレントを起用した従来のマス広告からデジタルマーケティングまで、様々な施策を試しても、認知が思ったように広がらず、リーチできたとしてもスルーされてしまう。認知されたからといって購買にまで結びつかない——。リーチさえ稼げば市場が動く、という発想に限界が訪れていると思われます。

こうした市場が読みきれなくなった背景には、市場が成熟化し、消費意欲を後押しすることが厳しい状況があります。またデジタル化によってメディアの環境や消費行動も従来から大きく変わっています。これらが大きな壁となり、マーケターを悩ませているのです。

実際、いまほどマーケターを悩ませる時代もないでしょう。

消費の動きが予測しにくい時代にこそ活用してほしいのが、本書で紹介する「プルーフマーケティング」という考え方です。事実の「証明」によって消費行動を促すマーケティング手法を指しますが、ここではまず、いまプルーフマーケティングが必要となっている理由を、消費者側の変化から見ていきます。

「リアルな情報」に、人は振り向く

モノと情報が溢れ、成熟した市場は、なによりもまず、人々の消費意欲を変えました。シェアリングエコノミーに代表されるように、車も家も「所有する」時代から「シェアする」時代に変わってきています。

大学生にインタビューをすると、「車を欲しいとは思わない」「だからカーシェアリングのシステムがあるのでは」という答えが返ってくるほどです。

かつての3C（カー、クーラー、カラーテレビ）のように、万人が共通に欲しいと思えるモノがあり、大量にモノが売れた高度成長期のあの頃とは違い、成熟した市場の前で生活者の嗜好は多様化され、複雑化しています。消費意欲そのものが変化しているのですから、市場の動きが読みにくくなるのは当然のこと。経済の「成長エンジン」となりえるような、誰もが欲しがるモノが減り、人によって欲しいモノは千差万別です。すでに多くのモノを持っている消費者に、いかに振り向いてもらうか、関心を呼び起こすかがマーケターの腕の見せどころです。

また消費者に情報を届けるメディアの在り方も、この十年で様変わりしました。ご存じのとおり、インターネットは個人単位での情報の受発信を加速化させてきました。ソーシャルメディアの浸透により様々なコミュニティーが生まれ、そこで飛び交う「いいね！」「フォロー」「拡散」「レコメンド」は、企業からのメッセージ発信とは、まったくレイヤーの異なる情報網を出現させました。

かつてE・カッツ&P・F・ラザースフェルドが「コミュニケーションの2段の流れ」論（1955年）で説いた「ある一部の人に伝わった情報が、その人を介在して社会に広がっていく」という仮説が現実のものとして明らかになり、オピニオンリーダーに代表される、信用できる「第三者の評価」が重要な役割を果たしています。

例えば、SNSの「Instagram」で情報を発信するインスタグラマーが、何万人ものフォロワーを有する、という現象も起きています。ファッションセンスが人気のインスタグラマーの投稿を見てみると、彼らの発信する情報は、ファッション誌が提案するライフスタイルに比べ、ずっと「リアルな情報」。だからこそ、信用され、発言力を持ち始めているのです。

「Instagram」の#（ハッシュタグ）検索で表示されるリアルな投稿写真から、知りたい情報を獲得する――。こうした情報取得スタイルの変化を受け、企業においても、一般客が撮影した写真や投稿を活用してプロモーション活動を行うケースが目立ってきています。

消費者への影響力がある人は、著名人とは限りません。注目度が高い投稿は、瞬く間に拡散されていきますから、ブログマーケティングやSNSマーケティングといった類のものも次々と生まれています。SNS上のインフルエンサーの発信や、ネット上での「レコメンド」に代表される、第三者のリアルな評価は、周囲にモノが溢れるいまの消費者の需要を喚起する、大事な役割を担っているのです。詳しくは後述しますが、プルーフマーケ

一部の人に伝わった情報が、その人を介在して社会に広がっていく

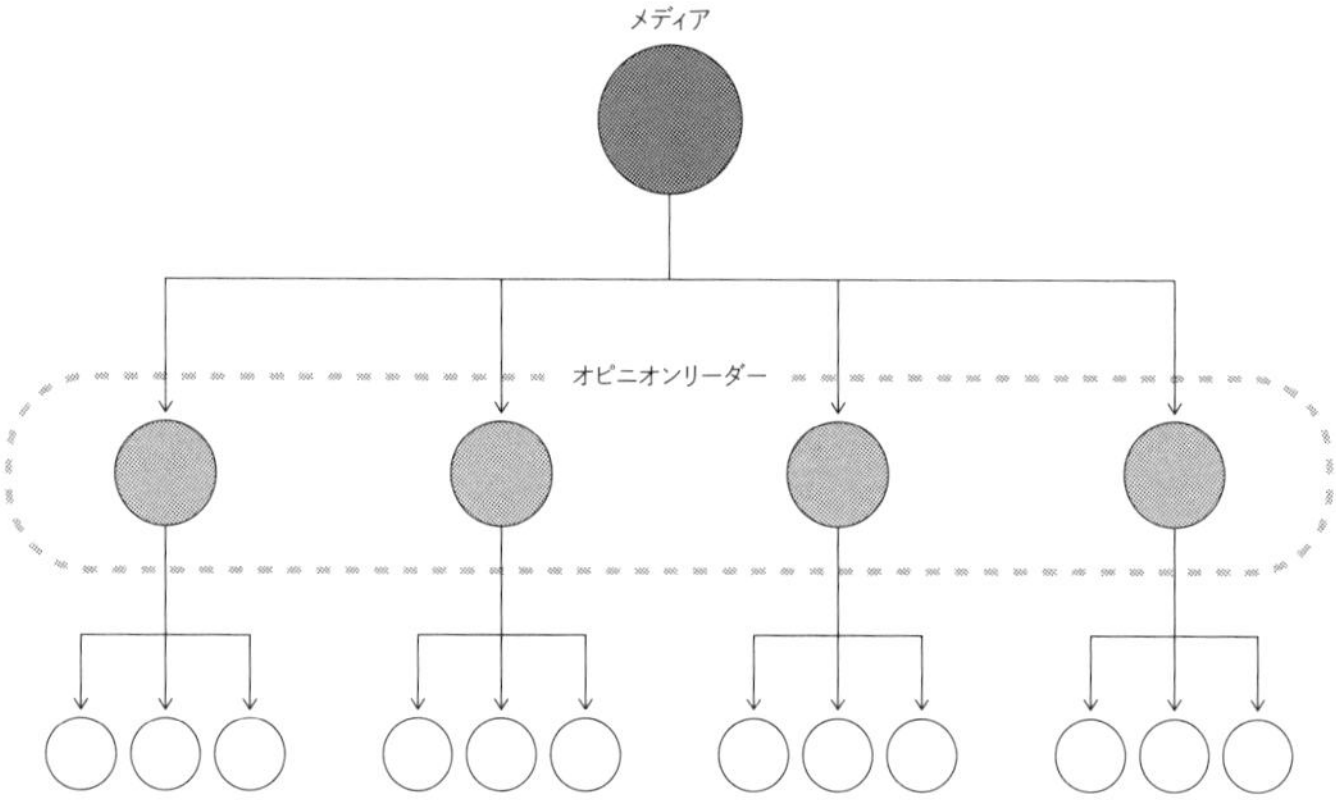

デジタル化以前は、コミュニケーションの2段の流れは実在するにせよ、構造を証明しにくかった。
デジタル化以後になると、ネットの完備、それが引き起す消費現象から2段の流れが明らかになった。
オピニオンリーダーを捉える方法が発見されたともいえる。

ティングでは、この第三者による客観的な評価の重要性に着目しています。

無関心な情報はスルーされる

これまで広告メディアの定石であったテレビについては、「ほとんど、まったく見ない」人の割合が増加、視聴時間が短時間化しているという調査結果が出ています（「日本人とテレビ・2015」調査／NHK放送文化研究所調べ）。大学生に話を聞けば、「見る必要性を感じない」との声も聞かれました。彼らにとって、いわゆるディスプレイとは、もはやテレビ画面ではなく、スマートフォンやPC、タブレット。ひとつ屋根の下で暮らす家族といえども、家族全員でテレビを見る（共通の「画面」で共通の「情報」を受け取る）という光景は、希薄になっており、その状況は不可逆的です。

また「ADK生活者総合調査（2015年）」によると、「自分の欲しい情報が手に入るメディア」のトップは、ポータル／検索サイトで、2012年と2015年の比較では、スコアの低下が見られました。マス媒体では、話題源でもあるテレビ番組の評価は高いですが、こちらも経年ではスコアは低下。一方スコアが上昇したのは商品比較サイトやSNS、家族／友達の話です。特にティーン層で顕著だったのは、ＳＮＳの評価の高まりでした。

このようにメディア環境が変化し情報の流れが複雑になったいま、マスコミュニケーションによる大量の情報が大衆にインプットされさえすればモノが売れる、いわゆる「皮下注射モデル」によるマーケティングが通用しなくなり、企業が情報をコントロールしようとすること自体が難しくなりました。

また消費者は、情報量が飛躍的に増えたことから、無関心な情報に対しては、受け流すようになっています。消費者に振り向いてもらうためには、「興味関心」をひくコンテンツや文脈が必要になっているのが現状です。興味関心は「親密性」とも関係しており、企業が一方的に発信する情報とは異なる、親しみを感じる第三者の発言に耳を傾ける傾向がますます強まっていくことが予想されます。

環境変化に対応せよ

とはいえ、テレビＣＭが効率的に機能していた時代を知っているマーケターにとって、

自分の欲しい情報が手に入るメディア

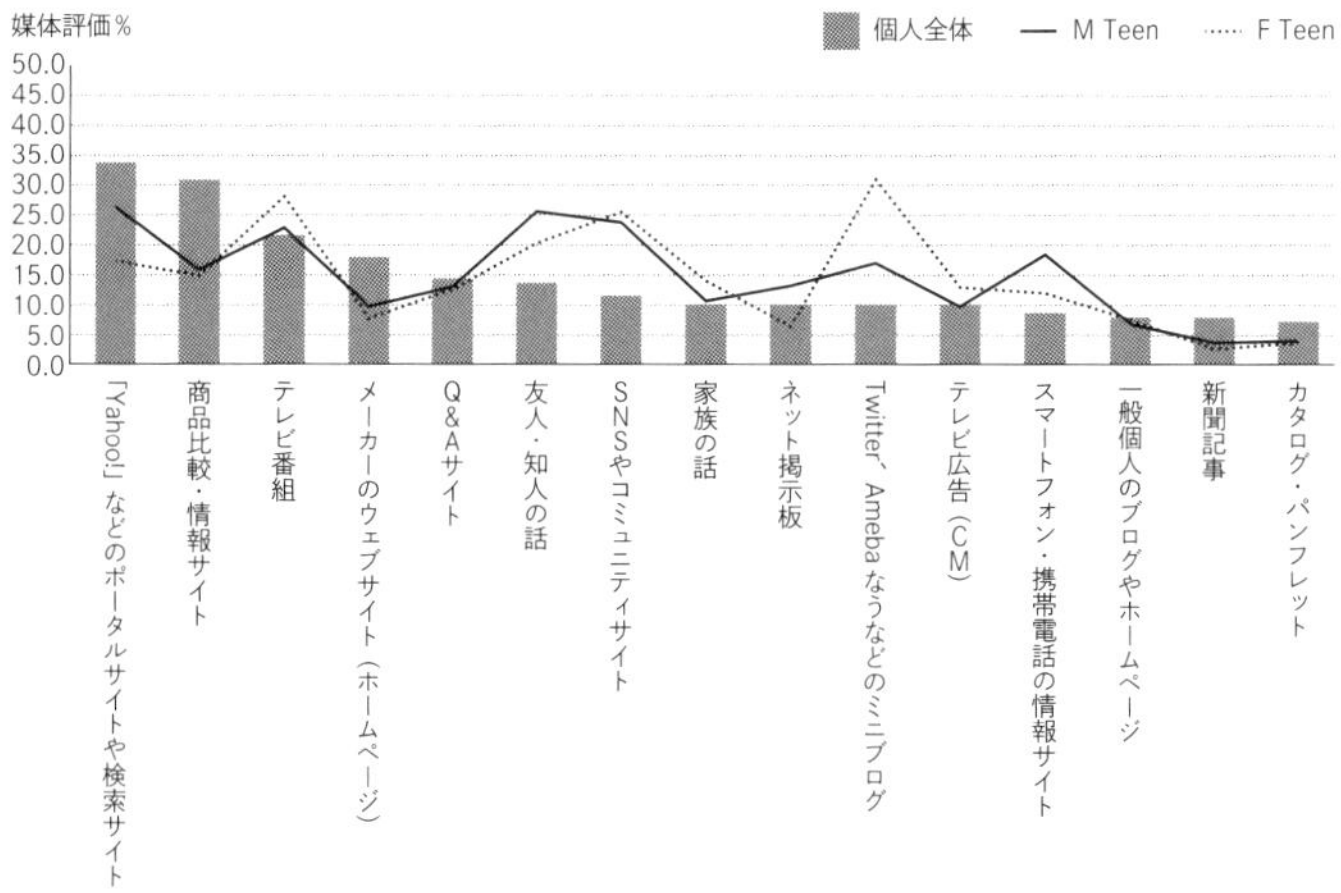

※出典：ADK生活者総合調査2015

多様化する市場に対応していく施策は、非効率に映ります。「大量生産、大量消費の時代は終わった」と頭で分かっていながらも、気持ちのどこかであの頃の「夢物語」を追い求め、「市場欲求の最大化」をふたたび発見することを目指してしまうマーケターも少なからず存在します。

マーケティングを通じて解決すべきこと。それは端的にいえば「販売増大」に、ほかなりません。与えられたマーケティング課題を、算出された投下予算でクリアしていくことがマーケターの実務的な役割であり、それこそが企業業績を左右するミッションを担っていることは紛れもない事実です。マーケティング戦略は、企業の永続的な発展を目指し、経営戦略に基づいて組み立てられます。

生活者をとりまく環境は大きく変化していますから、マーケティングの王道として健在している4Pの考え方（Product：製品戦略／Price：価格戦略／Place：流通戦略／Promotion：プロモーション戦略）も、アップデートしていかなければなりません。環境変化の対応こそ、いままさにマーケターに求められているのです。

こうした話をすると、「デジタル化が、情報接触のスタイルも消費行動のパターンも変えたことなど、分かっているよ」と笑われるかもしれません。しかし企業のマーケティング担当者と打ち合わせをしていると、「デジタル施策を考慮に入れてほしい」といったリクエストを受けることがあります。本音をいえば、実はこの問いかけこそマーケティングの設計を狂わせる元凶ではないかと思うのです。なぜならデジタルは、単なる施策のツールではなく、環境変化そのものだからです。

「環境変化」とは、これまでの常識や定石が通用しなくなることを意味します。

これまでのマーケティングにおける秩序の変換といっても過言ではありません。デジタル戦略は「これまでの手法に加える」という後付けの発想から設計すべきではなく、「マーケティングを設計する上で絶対的な必要条件」であるということからスタートするのが肝要であり、変化に即した「新たな戦略的マーケティング」が求められているといってよいでしょう。

販売増大のチャンスは、インスタント消費にあり

スマートフォンやタブレットなどのデバイスがますます身近になり、デジタル化に馴染んだ消費者の周囲には情報が常に溢れています。その情報量は天文学的数量ともいえ、すべてに目を通すわけにはいかないので、消費者も自分に合った情報を選択するようになります。

ここで特筆すべきは、情報量の多さが「賢い消費者」であろうとする生活者の自己を二つに引きさくという事実です。生活者はデジタルメディアに接触する際、自分に合った情報を見つけ出し「賢い消費者であろう」という姿勢をとりつつも、賢さとは別にもうひとつの側面である「短絡的な消費者」の顔を顕在化させてしまう傾向にあるのです。

例えば、欲しいモノを購入する際、ＰＣやスマートフォンに向かい、みなさんが最初にすることは何でしょうか。間違いなく、「検索」でしょう。検索する時、どんなキーワー

ドを入力するでしょうか。予め商品名が分かっていれば名前を打ち込むでしょうし、具体的に決まっていなければ商品カテゴリーを探し出し、価格や機能を比較検討するでしょう。

そして購入を決定するタイミングで気になるのはやはりその商品が「どのくらい評価されているか」という評判でしょう。商品に信用のおける専門家のお薦めコメントや、実際に使った人からの感想などが添えてあったりすれば、なお一層手が伸びやすいのではないでしょうか。

さらに、ECサイトが充実している現在では、スマートフォンですぐに購入できるようになり、検討から購入までの時間が劇的に短くなったことが「短絡的な消費」を後押ししています。

こんな事例がありました。忙しいワーキングマザーをターゲットにしている某ウェブマガジンで海外の「ロイヤルプリンセス御用達」ブランドとコラボしたと銘打ったネックレスが発売と同時に即完売を記録したのです。後に公表された情報によれば、読者の購入のタイミングで最も多かった時間帯は朝の通勤時間だったそうです。通勤電車の中でスマートフォンのトップ画面を閲覧してから購入ボタンを「ポチッ」と押すまで。その行動の素早さに広告主も驚いたといいます。忙しいワーキングマザーは、わざわざ店舗に行って商品を手にとり吟味する時間がありませんから、信用できるサイトは、商品を購入するのに便利な場所です。「〇〇さんも愛用」といった評判を見ながら比較検討し、購入ボタンをクリックすれば、瞬時に決済でき、商品が宅配で届くからです。

一連の流れがみごとにインスタントに完結している「消費」は、彼女達にとっては極めて「賢い消費」といえます。

即日で配送される宅配サービスもでてきて、利便性はさらに高まっています。商品の検討から購入までの間が短縮された、こうした買い物の仕方に慣れてくると、大量の情報から購入の判断をするための情報を手っ取り早くつかみたくなります。自分の価値観に合う、と感じたものはすぐに手に入れたい。そんな時に購入を後押しするのが、信頼できる第三者評価なのです。

前述のネックレスは、「初回、即日完売」という実績、つまり消費者の評価によって、再販時に、さらなる「インスタント消費」に拍車をかけたことはいうまでもありません。

購買に直結するランキング

このようなインスタント消費を端的に示す記事が、かつて日本経済新聞の一面に掲載されました。「ランキング症候群」という記事で、「自分の中に選択基準を持たず、ランキングの上位に走る消費」行動について言及しています。

ランキングとは、一定の基準から順位付けすることですから、そこには評価が加わります。ランキング症候群と命名されたように、購買決定において、ランキングが影響を及ぼしていることは見逃せません。順位付けのような、分かりやすい「旗」があれば、消費者は安心して購入を決断できる、ということです。

またネットを通じた情報集積が進むにつれ、以前よりも容易にランキングや評価の表出が可能になっています。ネット上で同意見の人が集まり、集団が極端な方向に走る現象を「サイバーカスケード」と呼びますが、ネットであれば、特定の論点に関して、意見が同じ人を簡単に発見したり、集まったりすることができるからです。

先ほど、誰もが欲しがるモノが減り、人によって欲しいモノは千差万別、といいましたが、iPhoneのように、販売シェアが50％を占める（「カンター・ワールドパネル・コムテック調査」2015年度版より）商品が誕生してきたことにも着目しておきます。この数値は、欧米や中国と比べても高いものです。

デザインがすぐれていること、イノベーティブであることなどiPhone自体の商品価値はさておき、50％以上の人がよいと選択し所有するモノを、欲しいと感じる。この潜在意識は、まだまだ健在だということです。一時代前の大量消費やいわゆる憧れ消費が薄れている一方で、こうした現象は、分かりやすい「旗」さえあれば人が集まることの証しではないでしょうか。

商品を選択するための旗、つまり価値基準を適した形で示せれば、消費者の中にある購買へのハードルを下げることができます。特に、デジタル時代で浮彫りになった「インスタント消費」を促すことができれば、第三者からの評価や事実を選択価値として示せれば、販売拡大のチャンスは訪れやすくなります。

最近、有名店が一堂に会する「グルメイベント」も人気ですが、来場者には、「バイヤーや著名人が監修した店が集まっているならば失敗がなさそう」という心理が働きます。これも「分かりやすい旗」のよい見本でしょう。

ネット上で繰り返される「短絡的な消費行動」に馴染んだ消費者が、リアルな店頭でも、そうした購買の仕方をしていくようになることは、容易に想像できます。消費者にとって、欲しいモノが手に入るのならば、リアル店舗で買うのか、ネット上で買うのか、という境目はなくなってきているからです。

「分かりやすい旗」としてランキングによる消費者心理を応用している好例は、本屋の店員が売りたい本を選ぶ「本屋大賞」という仕組みです。この賞を受賞すると多数の店舗で売り場が展開されます。ゆえに売れる。さらに売り場は増強され、正のスパイラル現象が生まれるという寸法です。

一方で賞を獲れなかった本は充分な売り場を確保できないため、認知される前に書棚から消えてしまう確率も高くなるというわけですから、ある意味、出版社にとっても著者にとっても天国と地獄のような仕組みだと、いえなくもありません。

インスタント消費の購買プロセス

マーケティングには購買プロセスとして、「認知→興味・関心→比較・検討→消費行動」というシンプルな考え方があります。

一方で、インスタント消費では「興味・関心→比較・検討」というプロセスが短くなるので、例えば「ランキング1位」という情報を、認識してもらうだけで、瞬時に購買決定につなげることも可能になるわけです。あまり、深い考察や比較検討なしに消費行動が決定づけられる——。「短絡的消費」という命名はおそらく消費者にとっては決して気持ちのよいものではないでしょうが、マーケターはここに、新しい一手となりうる可能性の兆しを見出せるのではないでしょうか。

これまで汎用であった購買プロセスのモデルが通用しない消費行動の出現は、いいかえれば、これまでマーケターが経験したことのない消費環境と捉えることができます。実はここに、「これからの消費意欲」を後押しするヒントが隠されているのです。

デジタル化によって、消費者の行動データがとれるようになってきましたから、より精緻にターゲットをセグメンテーションし、効率的にアプローチする方法が進んでいます。しかし、アプローチの最適化を追い求めるだけでいいのか、といえばやはり疑問は残ります。

いま明らかになっているターゲットだけでなく、まだ自社の商品の魅力に気づいていない消費者に振り向いてもらえないか、新しい需要を創造できないか。そう考えるのは当然でしょう。マーケターが解決すべき課題はいかなる場合も最終的には「販売増大」を促すことだからです。

そこで本書では、消費者にとって分かりやすい「旗」を立て、企業が伝えたい情報を伝わりやすくして記憶に残したり、消費者の行動を短期間、短距離で誘発したりする仕組みを、「プルーフマーケティング」として定義し、新たな時代の突破口として一緒に可能性を探っていきたいのです。

次章では、このプルーフマーケティングについて、詳しく解説していきます。

第1章ポイント

◉リアルな情報、第三者による評価に、消費者は振り向く。

◉興味・関心から購入までの間が短い「インスタント消費」を誘発することで、販売拡大のチャンスが広がる。

●第2章

購買の呼び水

プルーフマーケティングとは

分かりやすい「証明情報」を提示する

第1章では、「ランキング症候群」を例に、消費者が安心して商品を選択できる分かりやすい価値基準が示せれば、購入のハードルが下がることに触れました。そもそも、なぜ「ランキング上位を獲得した」という情報が、消費者を刺激し、魅了するのかというと、それは好評価を受けた、という「事実の証明」になる情報だからです。ランキングはいわば、(私ではない)不特定多数の他者が「いいね！」と認定しているという事実であり、売上ランキングであれば、表示される順位は売れ筋という事実(ファクト)の証明です。その意味で、ランキングは非常に分かりやすい「証明情報」だといえます。消費者を魅了するような証明できる事実のことを、本書ではプルーフポイントと呼ぶことにします。

前述したように、「プルーフポイント」とは本来、ブランド戦略において使われる言葉です。証明すべき事実を集約させることで一気に企業の成功を導くポイントが「プルーフポイント」です。プルーフマーケティングでは、このプルーフポイントをどのように設計するのか、によって販売増大につなげる道筋を考えていきます。

　ここでかなり古典的ではありますが、いまの時代のプルーフポイントを考える上でも充分に通用する、スポーツの世界大会におけるブランド競争を事例にあげてみましょう。

　ナイキ、アディダス、プーマ……。これらのスポーツメーカーは自身のブランドの魅力を世界に証明するために有名な選手と契約をしてきました。選手が勝てば、その選手が使用していたブランドの商品が売れるからです。あの選手が世界大会で使っている、というのがプルーフポイントになっています。選手の勝利が販売を大きく左右するこの手法は、シンプルではありますが、効果が期待できます。

　もちろん、相当のマーケティング投資力がなければ実行できない施策です。逆にいえば、投資力を持っているメーカーが「この手法」に投資する限りにおいてはある程度の競争に勝てることになり、この手法を取りえないメーカーとの間には歴然とした差が生じることは想像に難しくないでしょう。

ブランドの概念は時代とともに様変わりして、様々な効果を発揮してきました。広告表現で伝えるイメージでブランドを物語るだけでなく、消費者が抱くブランドへの想いや体験もブランドの資産として捉えられるようになりました。

こうした背景を前提に、スポーツブランドの例でブランド価値を紐解くと、「勝った選手が選んだブランド、それは勝たせる機能を持ったブランド」という文脈を形成し、購入を促進する強い効力を発揮していることが分かります。

そこにはその商品を使用する者の技量や努力とは無関係の「勝利した選手」に対する憧憬のようなものがブランドイメージと重なり、情緒的な価値を持つのです。

これは広義の意味において、選手の勝利が商品の「品質を証明」していることになります。ブランドとは、企業や商品が発信する連続する「約束」や、連続した「行動パターン」の蓄積効果です。ロゴマークには、ブランドが持つ商品やサービスの評判が蓄積されるわけですが、その評判は企業が自ら課したブランドとしての約束（ブランドプロミス）を具体的な行動として実行し続けることによってはじめて形成されます。

企業にとってブランドプロミスを実行し続けることは、ある意味品質の証明であり、その背景にはプルーフポイントが必ずや存在します。

私が着目したいのは、この「証明の仕組み」です。

先に述べた「インスタント消費」における競争力に引き寄せて考えれば、手法の問題はさておき、「商品の効果、効能」を第三者のお墨付きによって「証明する」ことは、消費者の態度変容や行動を促すうえで、強い効力を発揮することは間違いありません。

とはいえ、前述のスポーツメーカーの施策のように、著名人が使用していることをプルーフポイントにして、企業にとってのブランドフィロソフィーを一方的に発信するコミュニケーションだと、選手のファンなど、興味関心を持ってもらえる層は限定的です。

では、どうすれば消費者に対し、一方的ではないコミュニケーションを成立させ、広く「インスタント消費」を誘発することができるのでしょうか。

多くの生活者が興味関心を示しやすいのが、ファクトベースで伝わるコミュニケーションです。「最も売れている、支持されている」など数字を用いて知覚に訴える戦術や、第三者評価のような「客観的事実」がこれにあたります。

気づいている企業はすでに始めている

「証明」というマーケティング手法は、決して新しいものではありません。これまでも様々な形で展開されてきました。

タレントを起用した広告はその最たるものです。化粧品のマーケティングで人気女優を起用し「私はこれ」といわせたコマーシャルを思い出してください。あたかもその女優の「美しさ」はその化粧品ブランドだけの効力であるかのように語りかけてきます。

ただ、それが嘘や偽りのない真実であっても、いまの賢い消費者は、女優の美しさが高額なエステやトリートメントサービスの賜物でもあることを見抜きます。「どうせ、エステに行っているのでしょう」という声が聞こえてきそうです。それでは、女優自身の美しさは証明できても、その美しさは必ずしも購買には結びつきません。仮に購買に結びついているとすれば、それは「憧れ消費」であって効能に納得した結果とはいえないでしょう。

しかし、そこに美容の専門家や医師なども推奨している、という保証が加わり、実際に使ったユーザーからも高い評価を得ている、という事実があるとなれば、消費者の捉え方は変わってきます。

「保証される」ということは商品やサービスを信用し、安心して消費することにつながります。そのきっかけとなる効力がある、インスタント消費を刺激できるコンテンツを見つけ出し、マーケティングの核に据えれば、市場の動きが期待できるわけです。

モノや情報が溢れる現在の消費環境の中で、事実の「証明」をマーケティングの前面に押し出し、プルーフポイントをブランド戦略の枠にとどめず、マーケティングの設計に取り込み、効果的な成果を狙う。これが、私の考えている「プルーフマーケティング」です。

この「プルーフマーケティング」ですが、実は気づいた企業はすでに始めています。

プルーフマーケティングを応用すれば、例えば企業や商品のUSP（ユニーク・セリング・プロポジション）を「客観的事実」に組み合わせることでより伝わるコミュニケーションにしていく方法を選択することができます。または証明のプロセスを体験型、参加型のイベントにすることで、ソーシャルグッドなコンテンツにすることも可能です。

その意味で注目に値するのが、「世界一」を証明することができる、ギネス世界記録というファクト（事実）です。消費者への絶大なPR効果と広告効果を期待し、記録に挑む企業が後を絶ちません。

ギネス世界記録は世界中の誰もが知っている、ナンバーワンという事実の証明だからです。ギネス世界記録以上にナンバーワンの称号を担保できるブランドはほかにありません。

ブランド要素とプルーフマーケティング

マーケティングを設計するうえで、「競争」「競合」という立脚点からポジショニングを考慮することは重要ですが、市場競争においてどれだけ納得感のある「証明」を獲得できるか、いかに分かりやすく記号化するか、その「証明勝負」が市場競争に勝つ鍵にもなると考えています。

ここで、市場競争におけるブランド要素とプルーフマーケティングの位置づけを明確にしておきます。

ピラミッド型をした三層の図（P.42）を参照ください。ピラミッドの下層は「市場競争に参画するためのブランド要素」を示します。これは当該商品やサービスが市場競争に参画するにあたって最低限満たされなければならないブランド要素のことです。

例えば、スマートフォンはPCが持つ機能も合わせ持っていますが、PCとしての機能を拡充することで通信機能を失っては市場の競争になりません。もちろん、メール機能やSNS機能がなくても競争ができない。このように市場でその商品が存在するにあたって最低限の要件を満たす要素群と捉えてください。

この下層を基盤にしてはじめて「市場競争で戦うためのブランド要素」が積まれます（中間層）。スマートフォンでいえば、決定打にはならないが、「あったらうれしい」機能をイメージしてください。例えば、防水、衝撃対応、高画素カメラなどがこれにあたります。コミュニケーションツールとしてのスマートフォンに付加価値を与える要素群です。

市場競争におけるブランド要素とプルーフマーケティング

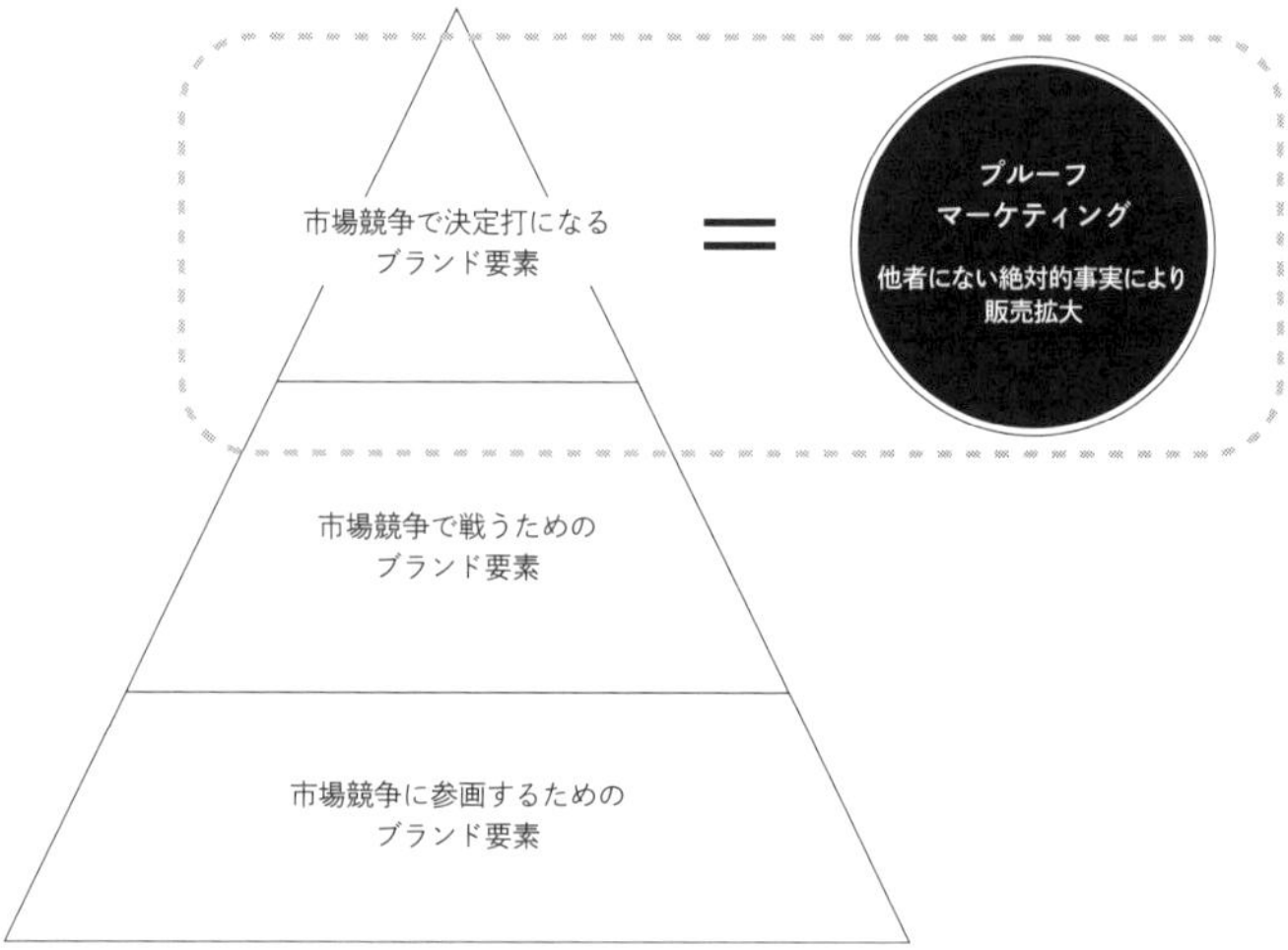

最後に、上層部分を占める「市場競争で決定打になるブランド要素」こそ、プルーフマーケティングの領域です。

「他社にはない絶対的事実」をプルーフポイントにするのです。例えば「ビジネスパーソンの90％が選んだスマートフォン」「いま、最も売れているスマートフォン」などの事実に基づく証明を示します。

上層部のプルーフポイントがあれば、下層でスマートフォンとしての基本要件を満たし、中間層で競争要素を付加し、その結果、このスマートフォンにはこれだけの市場突破力がある、ということを証明するストーリーが瞬時に構成できるというわけです。

もちろん、これには「事実」を裏付け、これを保証する第三者機関が不可欠であることはいうまでもありません。

例を挙げると、「〇〇調べ、△△研究所発表」がこれにあたります。広義の意味では権威あるドクターのお墨付きや、オピニオンリーダーのレコメンドも含まれますが、効力の大きさに着目するならその最たるものは「ギネス世界記録」というわけです。

客観的事実の原理原則とは？

プルーフマーケティングにおいて活用される事実は、あくまでも「客観的」であることが不可欠です。インスタント消費といえども、今日の消費者は「リアルであるかどうか」ということに驚くほど敏感です。ネット社会において事実に反する「やらせ」や「捏造」がどれほどのリスクになるかは炎上記事へのバッシングをみれば明らかです。

レトリックを駆使した「証明」のごまかしについて有名な話があります。

1972年、ミュンヘンオリンピックに話は遡ります。あるスポーツブランドはアメリカ国内予選で「トップランナー7人のうち4人までがわが社のシューズ！」という広告をつくったといいます。このコンセプトは「世界を制した」というブランド価値を訴求したかったのだろうと容易に想像できます。当時このブランドは、マーケティング領域では「挑戦者」のポジションであったからです。

実はこれには裏話があり、1位から3位までの選手が別ブランドの靴を履いており、広告を出したブランドの靴の使用者は誰もメダルを獲得していなかったというのです。巧妙なレトリックが、そのブランドの価値を高めることに貢献しました。いま振り返れば「あの頃だったから、許された」という笑い話ですみますが、現在のネット社会においてこの手のメッセージは通用しないでしょう。裏話が瞬時に拡散され、市場での評価失墜のリスクを負うことが予想されます。

プルーフマーケティングはリスクを負うマーケティングではありません。客観的事実によって、消費者の「腹に落とす」。このプロセスこそ、真骨頂というべきでしょう。

もう一つ、確かに、客観的事実ではあるけれども、消費者目線で考えた場合、「納得感」が疑問視される、そんな例をあげておきます。

ソフトバンクのナンバーワン広告です。「つながりやすさ№1へ」というメッセージ広告にはその証明として同時期の「スマホデータ接続率」の調査結果をグラフで示し、次のような数値をグラフィック表現に付加しています。

1位　ソフトバンク　97・3％
2位　NTTドコモ　96・9％
3位　au　95・8％

この広告展開をめぐって、「確かに1位なのかもしれないが、97・3％と95・8％の1・5％の差がどれほどのものなのか」とネット上で話題になりました。

通信技術に精通していない消費者にとっては、差が分かりにくい、つまり納得感がわきにくかったのです。

プルーフマーケティングが目指すのは、客観的事実によって消費者の納得感を「腹に落とす」段階にまで高めることにあります。

ここでお伝えしたいのは「客観的事実の原則」には客観性の担保が求められるということです。担保されていないと、ブランドイメージを落とすことにもなりかねません。

例えば、ECサイトなどに散見される「自社調べ」の比較数値では手前味噌に思われがちです。大手調査会社のクレジットの効力もマーケター相手なら威力を持つかもしれませんが、対消費者にどれほど響いているのかは心もとない状況です。情報の信ぴょう性や確実性を保証するものがお粗末であれば、せっかくのプルーフマーケティングの効果も半減してしまいます。

その点で、認知度が高い「認証機関」であるギネス世界記録が、ブランド価値を発揮することは、お分かりいただけるでしょう。

プルーフマーケティングとは「証明できる客観的事実」をもとに「その事実を証明する第三者の保証」によってブランドとしての波及力を形成し、販売に結びつける仕組み、戦術なのです。

プルーフマーケティングの守備範囲

プルーフマーケティングを戦術と表現したのは、マーケティングがよく「戦争」に喩えられるからです。古典的な考えではありますが、ここでマーケティングにおける「兵法」をおさらいしておきます。

市場におけるブランドのポジショニングによって選択すべき戦略は変わってきます。

1：防衛戦
2：積極攻撃
3：側面攻撃
4：ゲリラ戦

市場のトップシェアであれば「防衛戦」、2位以下であれば「積極攻撃」、トップブランドの隙間を狙うのが「側面攻撃」、市場における独自性で戦うのが「ゲリラ戦」です。

そしてこの4現象のどの戦略方針においても、プルーフマーケティングが適応できるというのが特徴です。

防衛戦であれば、市場での売上高、販売数、市場シェアなどの事実で「圧倒的な強さ」を証明すれば、2位3位を叩きその立場を維持することができます。

マーケティング戦略の４象限

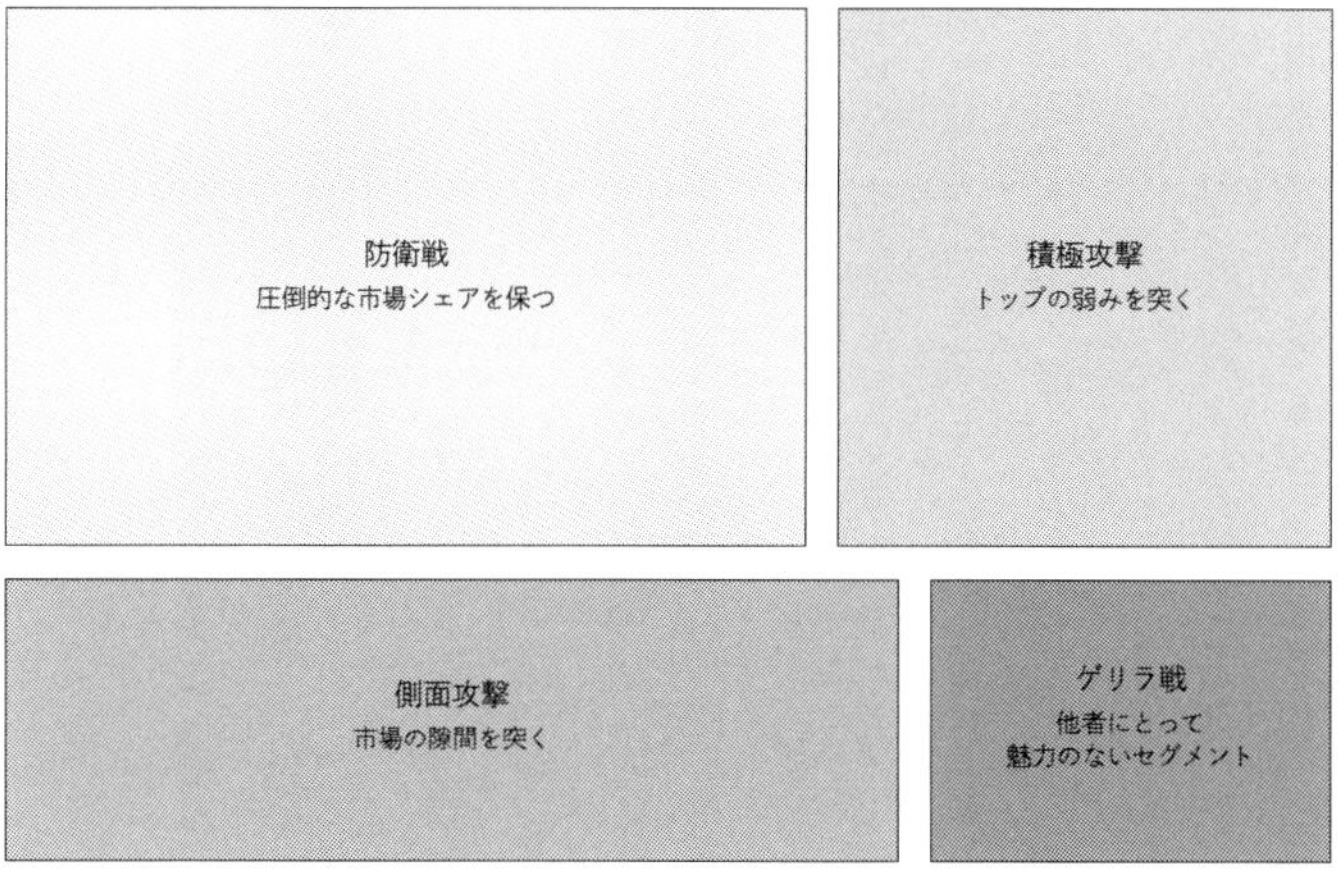

※「マーケティング戦争　全米No.1マーケターが教える、勝つための４つの戦術」
アル・ライズ、ジャック・トラウト著、2007年をもとに作成

積極攻撃であれば、対象市場を細分化し勝てる分野を見つけ、その分野における優位性を証明する。それによって徐々に「トップブランドの領土」を奪っていく戦術となります。

側面攻撃においては、トップブランドが手を付けていない分野を見つけることが肝要であり、それに付随する事実を証明すること。もちろん、トップブランドは追随してくるはずです。どれだけ早くその分野を市場化するかが勝敗の分け目を決するといえます。

ゲリラ戦は、市場全体で一位も二位も三位も手出しをしない（手を出してもマーケティング投資が回収しにくい）独自の分野をしっかりとつくり、守ることで戦う手法です。その独自分野に関する客観的事実で、例えば「知る人ぞ知る」ブランドとしてのこだわりを証明することができれば唯一無二のポジションを獲得することが可能です。

プルーフマーケティングを実行するための条件は、原則二つあります。

一つは「証明する事柄が客観的事実であること」。

二つ目は「その事実を証明できること」。

この二つが可能であれば、プルーフマーケティングはマーケティング全般に適応でき、かつ広い守備範囲をカバーする戦術になります。

次章ではプルーフマーケティングを具体化し、実践するためのメソッド、ファクトコンテンツコミュニケーションを紹介します。

第2章ポイント

◉第三者の保証によって事実を証明することで、ブランドの波及力が増す。

◉プルーフマーケティングに必要なことは、証明する事柄が客観的事実であること、その事実を証明できること。

● 第3章

プルーフマーケティング実践のメソッド

ファクトコンテンツコミュニケーション®

事実の証明がコンテンツになる

前章まででお話ししたとおり、プルーフマーケティングとは、客観的な事実を第三者が保証することで、消費者にとって分かりやすい「旗」を立て、消費者の行動を短期的に誘発する戦術です。本章では、その実践方法について詳しく述べていきます。

消費者の行動を促すためには、企業のブランドや商品・サービスのどんな客観的事実を証明していけばよいのでしょうか。それを考えるうえで必要なのは、その証明をすることで、消費者の興味関心や購入意欲を引き出せるか、という視点です。

私は、プルーフマーケティングの実践や研究を積み重ねる中で、消費者の関心をひく「ファクトコンテンツコミュニケーション」というプランニングメソッドを開発しました。これは、事実の証明によって、多くの人々の心を一瞬にして捉える「コンテンツ」を生み出し、コミュニケーションを円滑にしていくというものです。

ここでいうコンテンツとは、それ自体が独自の価値を持っており、消費者の期待に応え、満足させるもの、を指しています。満足とは、消費者の期待を超える感動や驚きがなければ成立しない心理状態です。

情報が届きにくくなり、関心のない情報や広告はことごとくスルーされる状況の中で、いかにコンテンツに親しみをもたせ、振り向かせるか。共感と感動を与えるか。ここがマーケターとしての腕の見せどころです。

最近はネット上で、様々な動画コンテンツが展開され、企業が発信する動画も話題になっています。ただし、シェアはしたくなるけれど、商品そのもののよさと動画の内容が、すぐには結びつきにくいケースも散見されます。

その点、ファクトコンテンツコミュニケーションは、商品にまつわる事実を証明しながら、コンテンツをつくっていきますから、消費者の心の中に、より商品そのものについてインプットしやすい、という特長があります。

御社の中に、知られざるナンバーワンはありませんか？

事実の証明によって消費者の心を捉える「コンテンツ」を生み出し、コミュニケーションを円滑にするファクトコンテンツコミュニケーションは、商品に関するマインドシェアを高めていくことを目指して、設計していきます。

消費者の心の中に、瞬時にそして強烈にインプットできる手法として、私が提唱しているのが、「ナンバーワン」の事実を証明するコンテンツをつくっていく方法です。ナンバーワンという客観的事実は、消費者が商品を選択する際の「価値基準」となる「分かりやすい旗」になり、インスタント消費を生み出しやすいのです。

中でも、最も威力があるのが、「世界一」。前章で触れた、「ギネス世界記録」は、「世界ナンバーワン」という強い記号性を持ち、ストレートに生活者を振り向かせる威力があります。

では、どうしたらナンバーワンをつくれるのか。「ナンバーワンをつくる」となると、「すでに実力のある、特別な商品でないと難しいのでは」と思われるかもしれません。

しかしお伝えしたいのは、ファクトコンテンツコミュニケーションのメソッドを使えば、市場シェアトップの商品でなくても、企画次第で「ナンバーワンをつくりだすことができる」ということです。


ファクトコンテンツコミュニケーションでは、商品やブランドの知られざる「ナンバーワン」を発見、もしくはつくりだしていきます。どの企業にも切り口次第で、ナンバーワンを誇れる「種」＝「ファクト」は存在していると、私は考えます。その知られざる種を発掘し、顕在化させるのが、ファクトコンテンツコミュニケーション。つまり、「どんな企業の中にもナンバーワンを証明するに値する潜在価値がある」のです。

まずは商品の「ナンバーワンになれる領域」を見つけ出すことから始めてみましょう。

第三者の「お墨付き」によりナンバーワンと見出された例

「ナンバーワンになれる領域」は、自ら見つけるだけでなく、第三者によって見出される場合もあります。
「世界一の朝食」と称されるオーストラリア発のカジュアルダイニングレストラン「ビルズ」は好例です。ニューヨークタイムズ紙が「シドニーのエッグマスター」と報じたほか、レオナルド・ディカプリオが撮影の際、「毎朝食べたリコッタパンケーキ」という触れ込みが瞬く間に世界中に拡散され、あっという間に行列のできる人気店となりました。パンケーキをはじめ、スクランブルエッグなど公開された料理の数々はセレブの朝食と呼ばれ、日本上陸後も快進撃を続けています。

まずは期間限定で代官山にオープンし、評判形成した後で第一店舗を鎌倉の七里ヶ浜に構えます。都心から少し離れた鎌倉というロケーションが「行ってみたい」という気持ちを高めたことは間違いありません。続く横浜では赤レンガ倉庫前に行列ができるほど。さらに評判を高めた後、お台場、表参道、二子玉川、福岡、と順調に店舗を増やし、その人気はとどまることを知りません。

パンケーキもスクランブルエッグも決して珍しい料理ではないにもかかわらず、これだけの人気を博しているのはやはり「世界一の朝食」というキーワードの圧倒的な強さではないでしょうか。

リコッタパンケーキを注文した人が食べる前に撮影し、写真をSNSにアップして、話題が広まったことも評判を高めた一因です。「世界一の朝食」。これ以上の分かりやすい「旗」はないでしょう。

ナンバーワンでなければ、効力は発揮されない

「2位ではダメなんですか？」数年前、こんな発言が物議を醸しました。

結論から申し上げますと、ファクトコンテンツコミュニケーションにおいては「2位ではダメ」なのです。

ここで、1位と2位の決定的な違いについて考察しておきます。1位と2位の違い。それは人々の「受け止め方」「扱い方」そして「記憶」への影響の大きさです。

1位は唯一無二であり、1位に向かう人々の尊敬の念はそれだけ深いものになります。だからこそ、「ナンバーワン」広告がマーケティングの手法として効果を発揮するわけです。

もちろん二番手であることをマーケティングで活用した「ナンバーツー」広告もありま

す。

「№2だから、ヤンチャできる。」かつてKDDIがこんな広告を出しました。ナンバーワンであるNTTドコモの存在があるからこそ実現した煽動的なこのキャッチフレーズを記憶している読者の方もいらっしゃると思います。

二番手であることをマーケティングで活用したナンバーツー広告の古典的お手本も紹介しておきましょう。とりわけ〝Avis is only No.2 in rent a cars.〟というレンタカー会社・エイビスの広告キャンペーンがナンバーツー広告として有名です。こちらも前述のKDDI同様、業界ナンバーワンのハーツという存在があってこそ展開できた広告といってよいでしょう。しかもエイビスの場合、ハーツはエイビスの「挑発」を受け、その後、対抗するキャンペーンを行ったからこそ、エイビスの広告はいまでも語り継がれる広告キャンペーンになった事実は見逃せません。

Avis is only No.2 in rent a cars.
So why go with us?
We try harder. (When you're not the biggest, you have to.)
We just can't afford dirty ashtrays. Or half-empty gas tanks. Or worn wipers. Or unwashed cars. Or low tires. Or anything less than seat-adjusters that adjust. Heaters that heat. Defrosters that defrost.
Obviously, the thing we try hardest for is just to be nice. To start you out right with a new car, like a lively, super-torque Ford, and a pleasant smile. To know, say, where you get a good pastrami sandwich in Duluth.
Why?
Because we can't afford to take you for granted.
Go with us next time.
The line at our counter is shorter.

エイビスはレンタカー業界でNo.２の会社に過ぎません。

それなのに、お使いいただきたい、その理由は？


私たちはより一層の努力をします。（No.1でないのなら、より一層の努力をしなければ）。

私たちは、汚れたままの灰皿を許すわけにはいかないのです。

満タンにしていない燃料タンクも、摩耗したワイパーも、洗車していない車も、空気の減ったタイヤも、調整できないシートも、温まらないヒーターも、霜がとれないデフロスターも。

当然のことながら、私たちは心からお客さまをお迎えするために、一生懸命に努力しています。

元気でパワフルなフォードなどの新車をご用意し、笑顔で皆さまを送り出します。

例えばダルースの町で最高なパストラミサンドイッチを食べられる場所も教えてあげます。


なぜ？

私たちには皆さまを軽視することができないのです。

次もまた、私たちの車をお使いください。

すぐにレンタルできますよ。


もともとレンタカー業界ではハーツという巨人がいて、エイビスはチャレンジャーとしてアタックする立場でした。マーケティング戦略としては、1位の弱いところを責める積極攻撃が定石です。

「ハーツは巨大ゆえにサービスが行き届いていないのでは？　その点エイビスは2位で余裕があるからサービスが行き届いているよ」そんなメッセージがこの広告から読み取れます。

ナンバーツーであることを示す広告は、レトリックとしては確かに面白く、話題化しやすいものです。ただし、競合企業のナンバーワンとしての事実を浮き彫りにしてしまうリスクも伴い、たちまちナンバーワン企業に反撃を許してしまう弱さは否めません。ナンバーワンに決定的な打撃を与えるにはおよばず、消費者の行動を短期的に促すプルーフマーケティングにはなりえないのです。

このエイビスの広告をプルーフマーケティングに置き換えるなら、「サービス、顧客満足ナンバーワン」となります。この事実が実証でき、なおかつそれを保証する第三者機関があれば、ファクトコンテンツとして成立します。プルーフマーケティングの効力を最大化するには、ナンバーワンになりうる領域を探し、競合に反論の余地を与えないものにすることです。

2位でももちろん素晴らしいことは間違いありませんが、1位に比べて人々の記憶に残りにくい点で、やはり二番手でしかないというほかありません。二番手は世間にとっては「どうでもいいこと」としてやり過ごされてしまいがちです。

2016年リオデジャネイロで開催されたオリンピックで「霊長類最強女子」の異名を持つ吉田沙保里選手がヘレン・マルーリス選手に敗れ、惜しくも金メダル4連覇ならず、銀にとどまりました。泣き崩れる吉田選手に母である幸代さんは「大丈夫。よく頑張った。違う色のメダルが増えてよかったじゃない」と労っていましたが、吉田選手本人の号泣ほど「金」と「銀」の圧倒的な差を如実に物語るものはないでしょう。

金メダルを獲った選手と銀メダルを獲った選手のマスメディアの扱い方の決定的違いを

思い起こしてみても、その差は歴然です。マスコミは金メダルを獲得した選手に集中し、銀メダルはやがて忘れ去られます。もちろん異例もあります。少し過去にさかのぼりますが、有森裕子選手の銀メダルがその最たる例でしょう。銀メダルでもナンバーワン感をしっかりと印象付けられた珍しいケースです。

その理由をいま振り返って考えるならば、女子マラソンにおいて銀メダルが日本にもたらされた初のメダルだったこと。見方を変えれば、有森選手の銀メダルは日本女子マラソンのナンバーワンだったというわけです。(その後、高橋選手によって記録は塗り替えられましたが)だからこそ、人々の記憶にいつまでも残るということが起きている。その意味でも、やはりナンバーワンは偉大であり、2位ではダメ、ということになるのです。

何を題材に世界一を目指すのか

広告コミュニケーションにおいて、世界で「ナンバーワン」の事実を証明し、消費者の心を捉えるコンテンツを活用しましょう、とお話しすると、多くの方が「売上ナンバーワン」や「顧客満足ナンバーワン」などすでに数値化された誇れるナンバーワンを想像されています。また特別な機能価値のある商品を有した企業のみが、世界ナンバーワンをうたうことが許されるのだ、という先入観を持たれています。

しかし「国内のシェアも低いし、世界一なんて、うちには無理だ」と思い込み、諦めてしまうのは、実にもったいないことです。世界一に「挑戦」していくことも、十分コンテンツになりうるからです。

ギネス世界記録を用いたファクトコンテンツコミュニケーションでは、ギネスワールドレコーズ社という専門機関が証明した「世界で一番」という事実だけではなく、「世界記録に挑戦するプロセス」も含めてコンテンツを設計していきます。つまり「挑戦するプロセス自体」をコンテンツとして構築できる。挑戦の過程そのものがドラマや話題性を発揮する、強いコンテンツとして成立するのです。

商品の世界一を証明するファクトコンテンツコミュニケーションでは、証明する領域を大きく二つに分けています。

一つは、商品の「世界一が既に達成された（または達成されるであろう）領域」を定め、ギネスワールドレコーズ社という機関を使い事実を裏付ける方法です。「○○部門では、売上世界一」「○○の性能が世界一」のようなものは、特にインスタント消費につながりやすい。商品が多くの人から支持されている、もしくは、機能がほかよりも優れている事実を証明しているものであれば、消費者も安心して購入できます。

もう一つは「世界一を目指したい領域」を設定し、挑戦していく方法です。商品の特長や、伝えたいメッセージが際立つような「世界一に向けたチャレンジ」を、ときには消費者を巻き込みながら行っていくのです。ギネス世界記録には、すでに様々な記録カテゴリーがあります。「一斉に○○した人数」「1分間で○○した数」「○○の力で△△を動かした距離」「○○でつくる巨大な△△」など、商品のよさを伝えやすい記録を選び、そこに挑戦することで驚きのあるコンテンツをつくっていくのです。

商品を使って「一斉に○○する」といった消費者を巻き込んだ参加型キャンペーンの場合は、その体験を通じて商品のよさを消費者自ら「発見」していくこともできます。企業やメーカーが主語ではなく、消費者目線の第三者評価が自然に形成され、共有され、消費者に伝わりやすいコンテンツづくりができるのです。

まだギネス世界記録に認定されていない新たな「世界一」カテゴリーをつくってしまう

方法もあります。これについては詳しくは第6章で事例を交えながら解説していきます。

果敢にチャレンジするプロセスそのものにはドラマがあり、話題性があることが何よりの強みです。私たちはこうしたファクトづくりから挑戦へのプロセス、コミュニケーションプランニング、そしてグローバル展開などをクライアントのニーズに合わせて相談を重ねながら一緒に開拓するサポートをしています。

はじめのうちは「世界で一番」などいえない、と思い込んでいたクライアントが「何を題材に世界一を目指すのか」というファクトづくりのディスカッションを重ねるうちに自ら「ファクト」を発見するケースも少なくありません。

余談ですが、この開発フローのセッションで最初のうちは半信半疑だったクライアントの表情がしだいに輝きを放ち、気づけばチーム全員がワクワクしている、ということがよくおこります。ファクトづくりのプロセス自体、企業の数だけドラマがあり、毎回とても刺激的です。子どもから大人まで、誰もが魅了されるギネス世界記録の強さを改めて実感するひとときです。

ファクトコンテンツコミュニケーションで証明する領域

「世界一が既に達成された（されるであろう）領域」で、その事実をギネス世界記録で裏付ける。

商品が多くの人から支持されている、もしくは、
機能がほかよりも優れている事実を証明しているものは
インスタント消費を促しやすい。

「世界一を目指したい領域」を設定し、挑戦する。

「1分間で○○した数」
「○○の力で△△を動かした距離」
「○○でつくる巨大な△△」など、
商品のよさを伝えやすい記録を選び、
そこに挑戦することでコンテンツをつくる。

ファクトコンテンツコミュニケーションのフロー

ファクトコンテンツコミュニケーションでは、まず企業の課題やニーズを整理しながら、どんな事実を証明し、どんなメッセージを消費者に発信することが、商品のよさを際立たせ、消費者の興味や購買意欲につながるのか、プルーフポイントを洗い出していきます。課題に適した「世界一の領域」と、表現したいメッセージが定まったら、世界一を証明するためのギネス世界記録のカテゴリーを決定します。

すでに世界一に達している領域を発見するのか、世界一に挑戦したい領域があるのか、によって、ギネス世界記録の狙い方、記録カテゴリーの選び方も変わっていきます。そして、世界一を目指すプロセスや世界一を獲得した事実をコンテンツ化し、消費者とのコミュニケーションに活用していきます。その効果は国内にとどまらず、グローバルにも展開できます。

この一連の流れは、以下の４つのステップに整理できます。

STEP1／ファクトプランニング

プルーフポイントの発見。マーケティング課題を解決するのに最も適した、「世界一の領域」を定めます。商品、サービスが目指したいナンバーワンが、既にギネス世界記録で認定されているファクトであるか？　新たな挑戦で世界記録を達成すべきか？　などを調べていきます。

▼

STEP2／プロセスデザイン

商品がギネス世界記録を取得するまでのプロセスを設計します。記録を取得するまでのプロセス自体もコンテンツ化して、コミュニケーションプランニングに活用していきます。

▼

STEP3／コミュニケーションプランニング

ギネス世界記録取得のファクトを核とし、情報接点から購買接点に至るまで世界ナンバーワンの商品を発信するためのプランニングをします。

▼

STEP4／グローバルプロデュース
ギネス世界記録は唯一無二の世界ブランドですから、「世界で一番」というファクトコンテンツは、国内にとどまらず海外市場でも有効です。コンテンツを商品のグローバル展開でも活用していきます。

ファクトづくりの基本的な考え方

ファクトコンテンツコミュニケーションを実践することで得られる効果は様々ですが、大きくは次の4つであると考えています。

1）客観的な事実に基づいた、話題・評判形成
2）機能価値の側面からブランド形成に寄与
3）商品販促・集客への貢献
4）グローバル活用

ファクトコンテンツコミュニケーション 開発フロー

〈活用事例〉

STEP 1 ファクトプランニング

商品・サービスが目指すギネス世界記録が
すでに認定されているファクトか否かなど、
マーケティング課題を解決するのに適した
「世界で一番」というファクトづくりをプランニング。

世界の接着剤をリードしてきたUHUブランドはギネス世界記録に挑戦。「世界一の接着力」という機能性を訴求。

STEP 2 プロセスデザイン

ギネス世界記録を取得するまでのプロセスを設計。
何を訴求するかによって
記録挑戦の内容や方法は大きく変わる。
そのプロセス自体をコンテンツ化していく。

「接着剤で吊り下げた物の重さの世界一」を獲得。フォード社製のピックアップトラック(4140kg)を1時間吊り下げることに成功。

STEP 3 コミュニケーションプランニング

記録取得のファクトを軸にして、
情報接点から購買接点まで
一気通貫したコミュニケーションを展開。

記録認定後は、商品にギネス世界記録ロゴを入れ販売。広告やパブリシティ露出などの展開を行い、競合商品との差異化に成功。

STEP 4 グローバルプロデュース

「世界で一番」という
ファクトコンテンツを価値とした
コミュニケーションは、
商品・サービスのグローバルな展開も可能。

欧州で話題になったUHUの接着剤は、同様のコミュニケーションを他エリアにおいても展開。商品販売に貢献した。

この4つのどこを目指すのかによって、プランニングの仕方も変わってきます。ここでは事例をもとに解説していきます。

1：客観的な事実に基づいた、話題・評判形成

建設機械を扱うキャタピラーは、自社の重機を使い、砂の城を制作。見事、砂の城の高さ世界一を達成しました。制作の過程をムービーにし、機械の操作の正確さを訴求。ムービーは、建設風景の躍動感が伝わってくるものでした。操作性のよさを分かりやすく示しながらも、面白く話題にしていく手法は、「自分と関係のあるブランドだ」と感じていなかった消費者をも振り向かせる効果が期待できます（※この記録は2015年10月27日にTurkish Airlines（トルコ）、Ted Siebert（アメリカ）、The Sand Sculpture Company（アメリカ）の3社によって更新）。

2：機能価値の側面からブランド形成に寄与

生活用品としては異例のギネス世界記録の認定として話題となったオカモトのコンドーム、「003（ゼロゼロスリー）」は、「世界一の薄さ」を証明することで、ぬくもりは伝えても感染症は予防することを訴求しました。世界に認められた機能を伝えながら、ブランド

形成に大きく寄与した例だといえるでしょう（※現在はGuangzhou Daming United Rubber Product Ltd.（中国）によって更新）。

3：商品販促・集客への貢献

アパリゾート上越妙高（新潟県妙高市）の広大な敷地に二頭の巨大な龍が舞い降りました。152万9103個のLEDライトを使ったこのアートの設計・デザインを行ったのは夜景プロデューサーの丸々もとお氏。細部の細部まで気を配る職人技が冴える、この大型アートはLEDライトでつくった最大のイメージというギネス世界記録に認定されました。この美しい光景を一目見ようと、2015年に訪れた人の数は20万人を超え、対前年比で約2倍の来場者を記録しました。丸々もとお氏によるギネス世界記録の取得は、アパリゾート上越妙高の話題づくり、人々の思い出づくりにも一役買いながら、集客に寄与した事例といえます。

4：グローバル活用

世界で一番売れている医薬品のあるカテゴリーで、ギネス世界記録を獲得した製薬会社

集客に貢献した、アパリゾート上越妙高のイルミネーション（ギネス世界記録取得）

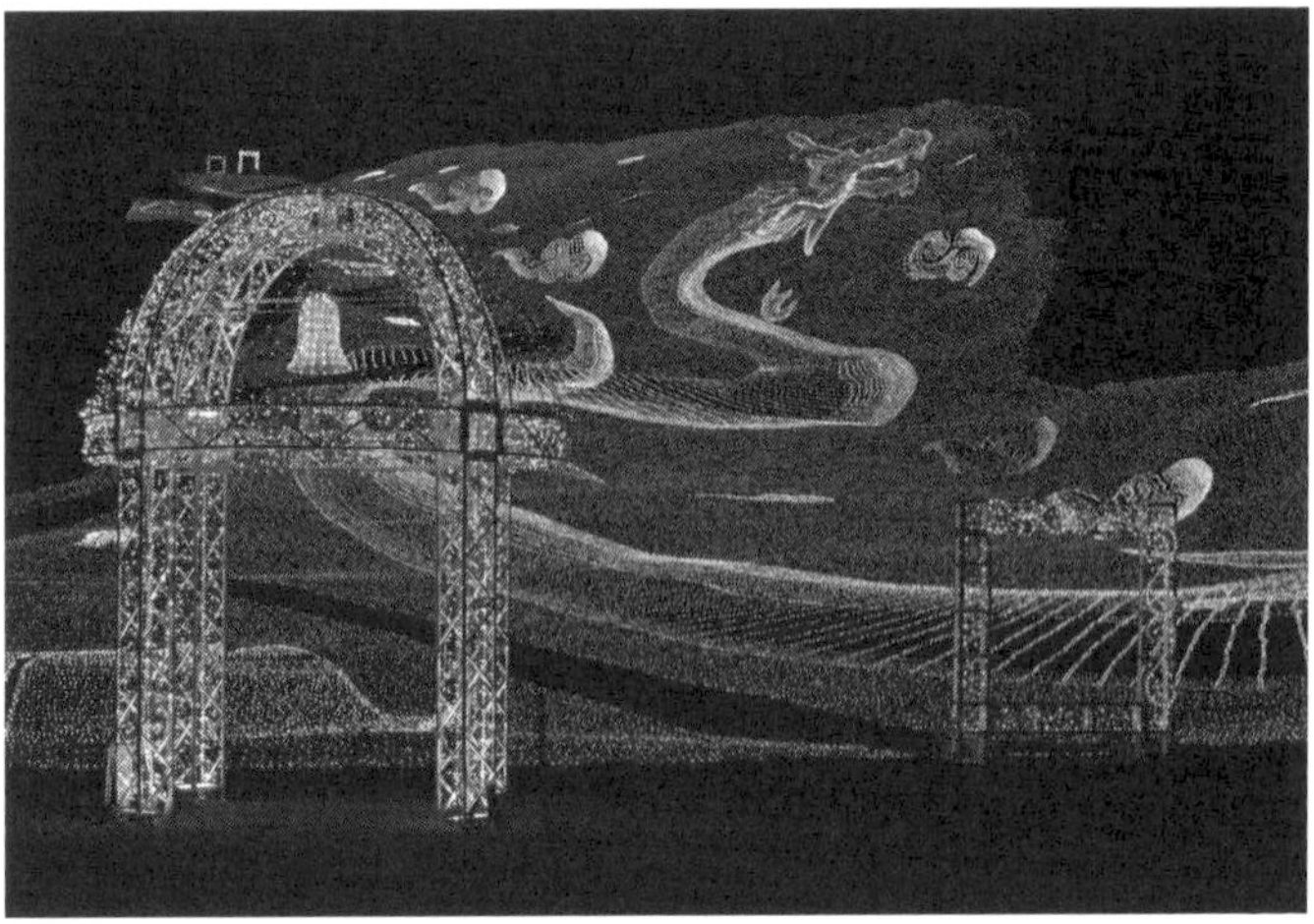

では、国内だけでなく、海外で販路を広げる営業活動を行う際、このファクトを活用。商談の際の会話が弾み、海外展開をスムーズに有利に行うことに成功しました。ギネスが世界の共通言語である強みを活かし、広告とはまた違った意味で貢献できた事例です。

この4事例は、「世界一になれる領域」を掘り起こし、その証明と消費者に伝わるコンテンツづくりに成功した事例です。

次章ではプルーフマーケティングの王様、ギネス世界記録のつくり方をお伝えします。

第3章ポイント

◉商品にまつわる事実の証明によって、多くの人々の心を一瞬で捉える「コンテンツ」を生み出し、コミュニケーションを円滑にしていくことができる。

◉どの企業にも切り口次第で、「ナンバーワン」になれる領域がある。

◉第４章

プルーフマーケティングの王様

ギネス世界記録のつくり方

ギネス世界記録はマーケティングのどんな課題解決になるのか？

ここまでお伝えしてきたように、商品の購入にあたり「客観的でリアルな情報」を欲している消費者にとって、「ナンバーワン」という事実は、有効な選択価値基準となります。また「ナンバーワン」に挑戦するプロセス自体を、消費者に伝わりやすいコンテンツにすることができます。商品の特長や伝えたいメッセージが際立つような「ナンバーワン」に挑戦することで、話題・評判形成やブランド形成につなげていくことができるのです。

「ナンバーワン」の中でも、最も強いインパクトを持つのが「世界一」。それを証明するのが「ギネス世界記録」です。プルーフマーケティングを実践するにあたり、「ギネス世界記録に挑戦する」という手法を使えば、消費者に参加してもらうこともでき、売り手主語ではない、驚きや感動のあるコンテンツとして、商品のよさが伝わる、という特長があります。

世界一の認証機関として認知度のあるギネスワールドレコーズ社が世界一の事実を証明

したとなれば信頼性も高まりますし、誰かに話したくなるバイラル効果、SNSによる拡散が期待できるでしょう。

ここで、実際にギネス世界記録に挑戦していくことで、どういったマーケティング効果が生まれやすいのか、整理しておきます。

(1)「世界一」を表彰できる唯一の機関からのお墨付き

ギネス世界記録保持者になるには、公式認定員の立ち会いのもと記録を達成することはもちろん、挑戦内容を証明しなければなりません。ギネスワールドレコーズ社から認定されるには、数々の審査が待ち受けています。ナンバーワンを証明するために外部の調査会社にリサーチを委託するなどしてエビデンスを提示することが義務付けられており、そのため様々な証拠物の提出が必要になります。

ギネス世界記録認定における基準は「測定できること(Measurable)」「証明できること(Verifiable)」「標準化できること(Standardizable)」「更新できること(Breakable)」という4項

目が設けられており、挑戦内容も厳しく審査されるのです。

こうした基準をクリアにしたうえで、「世界一」が認定されます。ギネスワールドレコーズ社はその唯一の機関です。だからこそ「記録における世界的な権威」に認められた、というブランド価値を示すことができるのです。

プルーフマーケティングを実行するためには「証明する事柄が客観的事実であること」「その事実を証明できること」が必要です。ギネス世界記録は、この二つの要件を満たします。

（2）認知度97％のギネス世界記録、絶大なＰＲ効果

ギネス世界記録は２０１５年に60周年を迎えました。60年の間収集され、共有されてきた「世界一」の公式記録は、世界中の人々の強い信頼によって築きあげられてきたものです。

ギネス世界記録ブランドの世界の認知度は97％（ギネスワールドレコーズ社調べ）という高さを誇ります。ギネス世界記録は、「世界共通言語」といっても過言ではありません。

その輝かしい称号を得た記録保持者は、たとえ昨日までは無名であっても、一夜にして世界中の人々から賞賛の拍手と、何よりもリスペクトを持って表彰され、メディアに取り上げられてきました。その範囲は国内だけにとどまりません。

記録保持者になることで、メディアへの露出が増えれば、マーケティングの大きな後押しとなります。

（3）商品の付加価値を創造

ギネスワールドレコーズ社の厳しい審査を通過すると、公式認定のロゴを、商品の広告コミュニケーションでも使うことができます。マスコミュニケーションから店頭展開に至るまで、消費者にとって信頼できる「選択価値基準」として一気通貫したメッセージを発信することが可能です。

世界一に挑戦するプロセスの設計次第で、商品の既存ターゲットとは異なる、新たなファン層を増やす、コミュニケーションの間口を広げるきっかけがつくれます。

（4）参加者のモチベーション向上

「一人では不可能なことも、みんなで想いを共有し目標に向かっていけば、世界一にもなれる。そのことを、身をもって体感できたことは、今後の人生の様々な場面において役立つと思います」

「記録達成の後、『おめでとう』といわれた瞬間、うれし涙が出てきました」

このようなギネス世界記録挑戦者の喜びの声からも想像できるように、記録が達成できた時の喜びは格別です。

達成するのかどうかハラハラ見守る瞬間も、達成後の歓喜の瞬間も、残念ながら失敗に終わった悔し涙の瞬間も、すべてがかけがえのない体験として挑戦者全員の「感動」として記憶に刻まれます。

ギネス世界記録を活用したコンテンツづくりのための柱

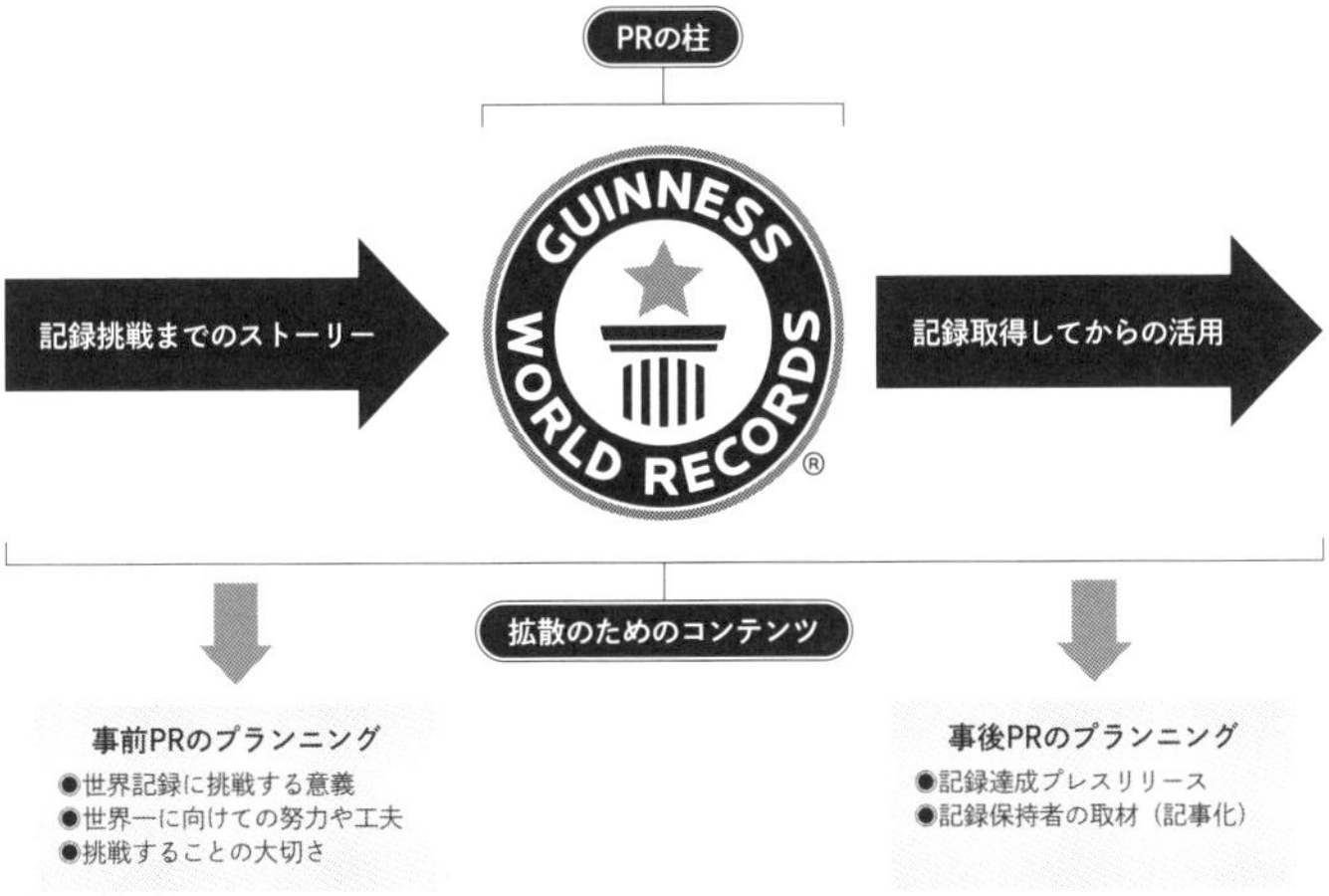

※出典 ギネスワールドレコーズジャパン資料より作成

その場に居合わせるという体験価値が生む一体感は、挑戦した企業の社員モチベーション向上や、記録達成イベント参加者の商品へのロイヤルティー向上に貢献することができるはずです。

「世界一」を取るためのステップ

企業のマーケティング担当者から「ギネス世界記録をマーケティングの課題解決に活用したい」という相談を受け、ファクトコンテンツコミュニケーションを設計する際に、最初に検討するのが「何を題材に世界で一番」を狙うのか。次のような確認をしながら進めていきます。

Q1：「世界一」を証明したいものは何ですか？　企業でしょうか、商品、サービスでしょうか。

Q2：すでに「世界一」を証明できそうな領域はありますか？

Q３：「世界一」になることで伝えたいメッセージは何でしょうか？

Q４：伝えたいメッセージに適したギネス世界記録の「カテゴリー」は何でしょうか？

Q５：既にギネス世界記録として認定されている記録の更新を狙いますか、新規分野に挑戦しますか？

目指したい世界一が既に認定されている場合は、更新のための挑戦手続きに進みますが、既にある記録を抜く場合でも、実績証明できる証拠物の提出が必要です。実績証明、証拠証明のために外部のリサーチ会社に調査依頼をするケースもあります。

最終的には、企業の組織形態や扱う商品、競合事情などを加味しながら、個別のマーケティング課題に合わせてプランニングしていくことになりますが、ここでは、第２章で示した「プルーフマーケティングの守備範囲」別に、ギネス世界記録を活用した代表的なファクトコンテンツコミュニケーションのパターンをご紹介します。

何を題材に「世界一」を狙うか

挑戦者が表現したいメッセージに合わせた記録のカテゴリーが存在します

メッセージ	記録カテゴリー例	記録挑戦の方向性
マーケットリーダー	最高売上金額・最も販売した個数	世界一が既に達成された（されるであろう）領域を証明
伝統的	最古の○○・最も長く続いた○○	
革新的な（技術）	最少の○○・最速の○○・最軽量の○○	
成功・サクセス	最も人気のある○○	世界一を獲得したい領域を設定。挑戦によって証明
コミュニティー・チーム	最多人数で○○	

※ギネスワールドレコーズジャパン資料より作成

〈パターン1〉防衛戦：絶対的な強さを事実で証明する

「世界一」を目指したい商品やサービスが、市場での売り上げ数、市場シェアなどで「圧倒的な強さ」を誇り、「ナンバーワン」ということで、世界一を知らしめます。他の追随を許さず、その強さにさらに拍車をかけ、マーケットリーダーであることを証明し、トップで居続けることを狙うパターンです。

ギネス世界記録を活用した広告展開の先駆けともなったパナソニックの乾電池「エボルタ」がこれにあたります。「最も長もちする単3形アルカリ乾電池」という機能訴求を行うためにギネス世界記録に着目し、見事に記録を達成しました。

〈パターン2〉積極攻撃：ナンバーワンになれる領域を絞る

対象市場を細分化して勝てる分野を見つけ、その分野における優位性を証明する「積極攻撃」というアプローチです。攻撃を仕掛ける相手を自分の一つ上に絞り、その相手に勝てる分野や機能でナンバーワンを訴求するのです。伝統や技術革新、サクセスの事例などナンバーワンになれる領域を探し出せば、ギネス世界記録を狙えます。

例えばセキスイハイムの活用法がこれにあたります。1997年より他社に先駆けて太陽光発電システム搭載住宅の販売に積極的に取り組んでいました。そして、2011年に累積建設棟数10万棟を突破したタイミングでギネス世界記録に挑戦。

その背景にあったのは、「ソーラー住宅」における建設棟数でナンバーワンであること、つまり「トップブランド」のポジションをギネス世界記録によって不動のものにすることでした。住宅展示場では、ギネス世界記録を活用したPOPによって入店されるお客さまも増加。また、エコや省エネに関心の高いユーザー層のさらなる獲得に成功し、住宅メーカーとしての価値を高め、現在に至ります。

〈パターン3〉側面攻撃：トップブランドが手を付けていない分野を見つける

年間3万台売れればヒットとされる無線操縦玩具の市場で、「最も小さい」という極めてシンプルなメッセージにギネスワールドレコーズ社のお墨付きを付加し、発売から半年強で累計13万台を出荷した「ナノファルコン」。ギネス世界記録の認定が予想を遥かに上回る威力を発揮した成功事例です。分かりやすいプルーフポイントが強いメッセージとなり、これまで興味がなかった人にまでも「ギネス世界記録の無線操縦玩具」という指名買

「最も小さい」を打ち出したヒット商品「ナノファルコン」

いを促した結果、注文が殺到。商品パッケージに「ギネス世界記録認定」のラベルを貼ったことも絶大な宣伝効果になった事例です（※この記録は２０１４年12月5日にナノファルコンを発売するシー・シー・ピーが更新）。

〈パターン4〉側面攻撃＋ゲリラ戦：ＵＳＰを際立たせたナンバーワン

ゲリラ戦、それだけで成立するファクトコンテンツコミュニケーションはなかなか困難ですが、側面攻撃の発想を取り入れ、トップブランドや業界1位といわれる商品がまだ手をつけていない、独自の特徴、ＵＳＰと、「世界一の記録カテゴリー」を掛け合わせる手法です。

雪印メグミルク「雪印北海道１００ さけるチーズ」では、チーズの味覚ではなく、「さけやすさ」に着目し、1分間でさけるチーズの本数の世界一を狙うキャンペーンを展開。ＵＳＰを際立たせています。もちろん、そこにあるメッセージの源泉は、商品独自の技術であったりします。

このＵＳＰ×ファクトのパターンはギネス世界記録を活用した海外の広告コミュニケーションの事例に多くみられます。

第6章で詳細を紹介しますが、LGエレクトロニクスは洗濯機の静粛性、すなわち振動の少なさを伝えるために、洗濯機が稼働している状態でトランプのタワーを組み立て、その高さにおいてギネス世界記録を獲得しました。その様子をバイラル動画にも使っています。声高に言葉によって機能を訴求せずとも、視覚的に商品の機能とUSPを見事に伝えています。

このパターンは、記録に挑戦するプロセスをコンテンツにし、感動的瞬間を共有するコミュニケーションプランニングに向いています。ユニリーバの食器用洗剤「Vim」では1本の液体洗剤で洗った皿の列の長さで世界記録をとりました。それにあたり、インドで慈善食をふるまい、その後、食器を洗って並べたことで洗剤の性能を視覚的に分かりやすく表現しました。食事をふるまったという行為自体がCSRとしても高く評価され、評判形成にも大きく貢献した事例となりました。

ギネス世界記録を活用したコミュニケーションプランニング

せっかくギネス世界記録に挑戦するなら、そのプロセスをコンテンツ化しコミュニケーションにうまく活かしていきたいものです。記録認定の感動的瞬間は、広告だけではない幅広いコミュニケーション展開が可能です。

ギネス世界記録に挑戦するキャンペーンを張り、その告知や結果を、プロモーションツールだけでなく、商品パッケージで紹介したり、話題化策の一つとして、流通との商談の後押しにすることもできます。

記録取得を軸に、展開できるマーケティング施策はたくさんあります。何を題材に世界一をとれば商品のUSPを際立たせ、消費者にアプローチできるのか。この設計はマーケターの知見とアイデアが問われる部分です。

次章では、ギネスワールドレコーズ社や、ギネス世界記録の知られざる魅力について、詳しくお話ししていきます。

第4章ポイント

◉認知度の高いギネスワールドレコーズ社から「世界一」が認定されれば、お墨付きとなる。

◉商品のUSPを際立たせるような、ギネス世界記録のカテゴリーを探そう。

●第5章

ギネス世界記録を知るための6つのファクト

そもそもギネスって何？

ファクトコンテンツコミュニケーションを実践するにあたっては、たくさんの人を巻き込みながらプロジェクトを進めていく必要があります。

その際、ギネス世界記録について説明を求められることもあるでしょう。この章では、ギネス世界記録についての知見を深める6つのファクトに迫ります。認知度が高いギネス世界記録ですが、その成り立ちや、日本での展開、記録の選定基準などを紹介します。

1：ギネス世界記録のはじまり

2015年に60周年を迎えたギネス世界記録。英国に本社があるギネスワールドレコーズ社は、世界記録を認定、収集し、記録にまとめた書籍を毎年刊行している組織です。ギネス世界記録が誕生したきっかけは1951年のアイルランドに遡ります。

ギネスビールはみなさん、よくご存じでしょう。その醸造所の最高責任者だったヒュー・ビーバー卿は、当時盛んだった狩りが好きな人物でした。そのビーバー卿が狩りの最中に仕留めることのできないほど速く飛ぶ鳥がいたそうです。その時に頭によぎった「最も速い狩猟鳥は何だろう」という疑問。

実はこれがギネス世界記録のはじまりとなりました。ビーバー卿はその「事実」をつき

ギネス世界記録のはじまり

ある日のアイルランドで

ギネスビールのサー・ヒュー・ビーバー

uilstein bild/ゲッティイメージズ

「もっとも速い猟鳥は？」

1951

世界一の調査

疑問の調査をマクワーター兄弟に依頼

1954

イギリスで出版

初版を1000冊無料配布

定番クリスマスプレゼントとして世界で親しまれるように

1955

とめるために、調査会社を営むマクワーター兄弟に調査を依頼します。

その過程で「世界一の記録を集めた本があったら面白いのではないか」と気づき、この思いつきが１９５５年、書籍『ギネス世界記録』の初版へと結びついたのです。


この初版本は、英国のパブで無料配布され、たちまち話題となりました。

余談ですがパブでの話題もはずみギネスビールがたくさん飲まれたそうです。

そして、毎年発行されるようになり、欧州では子ども達へのクリスマスプレゼントの定番として広く知られるようになりました。日本ではあまり馴染みがないかもしれませんが、欧米ではギネス世界記録の本といえば、子どもたちが世界を知る鏡として、世界を学ぶための本として60年にわたって愛され続けているのです。

現在では20カ国語に翻訳され、１００カ国以上で累計1億３６００万冊以上を売り上げており、これは著作権をもつ本として世界記録を毎年更新しています。自らギネス世界記録保持者となっているベストセラー本です。


世界で一番売れた音楽アルバムといえば？　世界で一番速く走る男性は？　世界一の連

毎年発刊している書籍『ギネス世界記録』は世界的ベストセラー

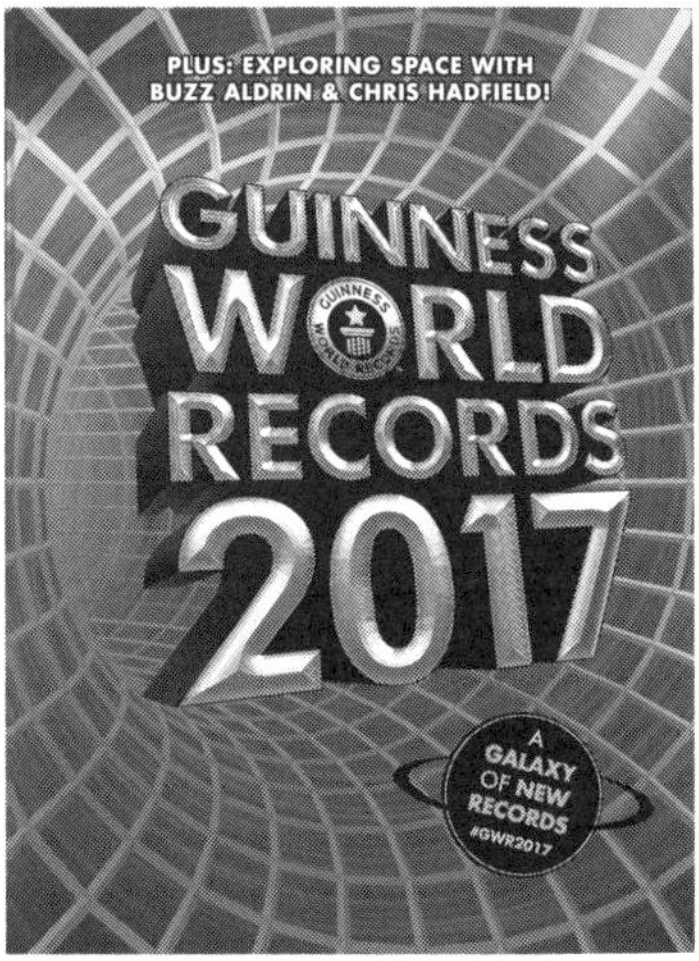

続勝利記録を達成した投手とは？　世界で一番放送回数の多い生放送のバラエティ番組は？
世界で最もフォロワー数が多い音楽グループは？

このように世界中どこにいても、誰でも挑戦できるギネス世界記録は人々に挑戦することへの勇気を与えるとともに、記録取得者はリスペクトされ、話題とされ、人々の間で語りつがれてきました。ギネスビールから始まったギネス世界記録はこうして人々の興味関心をひきつけ、親しまれ、「世界で一番」という最強のコンテンツとして、97％の認知度を獲得するに至ります。そして今では、「記録における世界的な権威」として世界の共通言語となり、確固たるブランドを築きあげているのです。

2：ギネス世界記録の主催団体はどんな組織か？

『ギネス世界記録』という書籍を出版する出版社としてスタートしたギネスワールドレコーズ社。その事業内容はいまでは、テレビ、イベント、PR、ライセンシング、デジタルと多岐にわたります。

世界各地で放送されている世界記録に関する番組は年間7億5000万人に視聴され、

ギネスワールドレコーズ社のビジネス展開

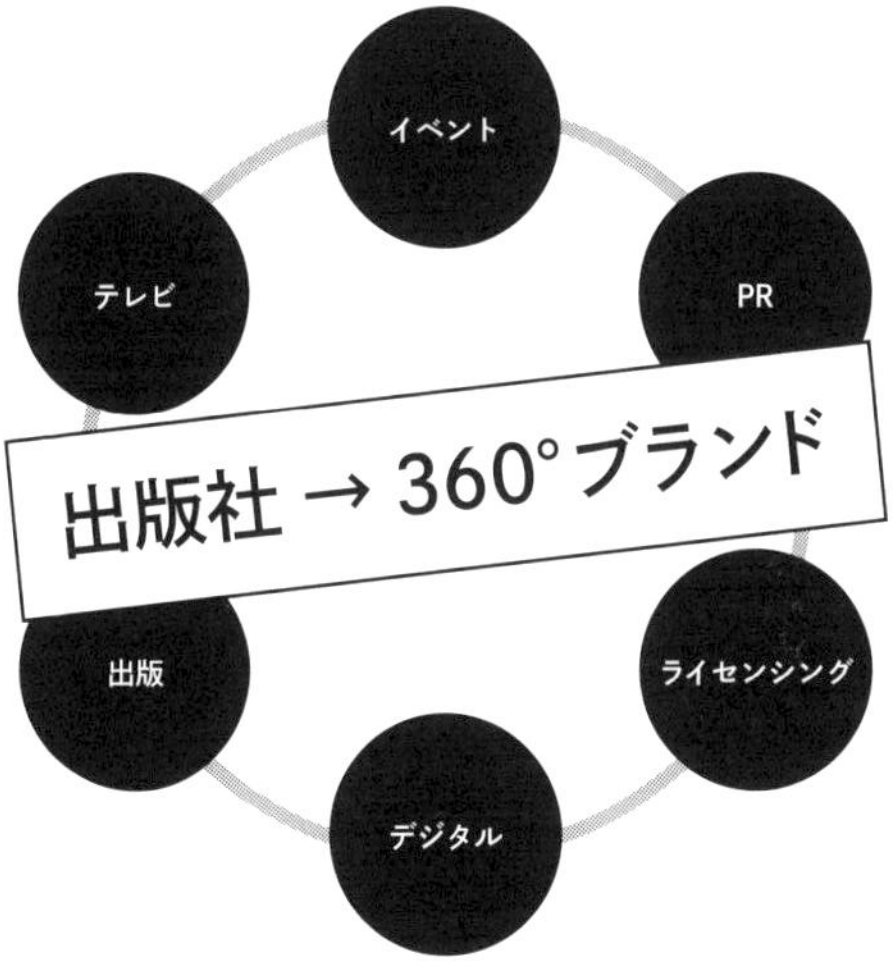

YouTubeチャンネルの合算再生回数は約3億回、Facebook（英語版）のファン数は800万人を超えています（2015年3月現在）。

ギネス世界記録の申請受付および最新の情報を提供しているホームページ（英語版）では、サイト閲覧者数が年間1400万人以上を数えます。

記録挑戦は世界各国で行われ、174の国と地域よりその申請数は年間約4万件以上におよびます。

事業拠点は本社である、ロンドンを起点にニューヨーク、東京、北京、ドバイに支社を、オーストラリア、インド、ラテンアメリカ、ドイツなど、各国と地域に代表オフィスを展開しています。

いずれの国においてもギネス世界記録のヴィジョンとミッションは共通です。

「世界一を見出し、世界一を称賛する」「誰もが世界一になれる可能性を秘めていることを伝えていく」「世界一を発信することを通じて、喜びと感動を提供する」。この3つをヴィジョンとし、世界一を通じて、世界の人々をつなげていくことがギネスワールドレコーズ

ギネス世界記録のミッション

世界一を見出し、世界一を称賛する。

誰もが世界一になれる可能性を秘めていることを伝えていく。

世界一を発信することを通じて、喜びと感動を提供する。

社のミッションです。

3：日本オフィスの存在

ギネス世界記録への挑戦は世界中全ての人に開かれており、誰もが世界一になれる可能性を秘めています。日本からも世界一を目指す希望が多数寄せられたことを受け、2007年より日本語での申請サービスが開始されました。

そして、2010年春には英国本社の日本オフィスとしてギネスワールドレコーズジャパンが設立されました。

代表の小川エリカ氏をはじめ記録管理、出版、PRなどの各担当が稼働しています。中でもギネスワールドレコーズ社の核である、記録管理部門では、記録のためのガイドライン(ルールブック)の作成、記録の判定、認定などを行っています。

小川氏にとって「多様な個性に光を当ててヒーローにする」ギネス世界記録の理念は、彼女が幼い頃からまさに求めていたもの。英国本社の認定員として各地を回る経験を経て、日本支社の立ち上げに参画し、いまに至ります。

4：ギネス世界記録の認定基準

ギネス世界記録の申請サービスにはスポーツ、エンタテインメント、企業ブランディングをはじめ、あらゆる業種、業態に適したカテゴリーがあり、オールジャンルに開かれており、公式ウェブサイトから申請が可能です。

挑戦したい記録が既存記録の更新となる場合は、『ギネス世界記録』のデータベースに基づき、既存記録を確認した後、更新できる証拠物を提出する流れです。新しいジャンルに挑戦する場合は、ギネスワールドレコーズ社のガイドラインに従い、審査申請手続きを行います。

記録認定における基準は「測定できること」「証明できること」「標準化できること」「更新できること」をベースに「ギネス世界記録にふさわしいこと」が加味され、認定されます。

記録認定における基準

測定できる　MEASURABLE

証明できる　VERIFIABLE

標準化できる　STANDARDIZABLE

更新できる　BREAKABLE

ここに、ギネス世界記録にふさわしいことが加味される

5：得られるPR効果

記録挑戦する場合、認定イベントやキャンペーンを行うことでPR効果を高めることができます。

記録挑戦に公式認定員が立ち会う場合、当日、その場で審査が行われ、結果が発表できます。また、記録を達成した場合は、その場で公式認定証も授与されます。このような特典を活用でき、さらにメディアへの露出が期待できます。

また、この日の「体験価値」は、驚きと感動を伴って参加者自らがSNSなどで発信し、拡散されることは間違いありません。

こうしたパブリシティ露出効果は金額換算すると数億円を超えることもあるほどです。

6：日本ならではの取り組み

ギネスワールドレコーズ社60周年記念を機に、ギネス世界記録「匠ニッポン」という新たなプロジェクトが始動しました。匠ニッポンとは日本が誇る、日本の技術者、研究者、職人たちのあくなき探究心を讃えて、応援し、世界に発信するためにギネスワールドレコ

世界一へのプロセス

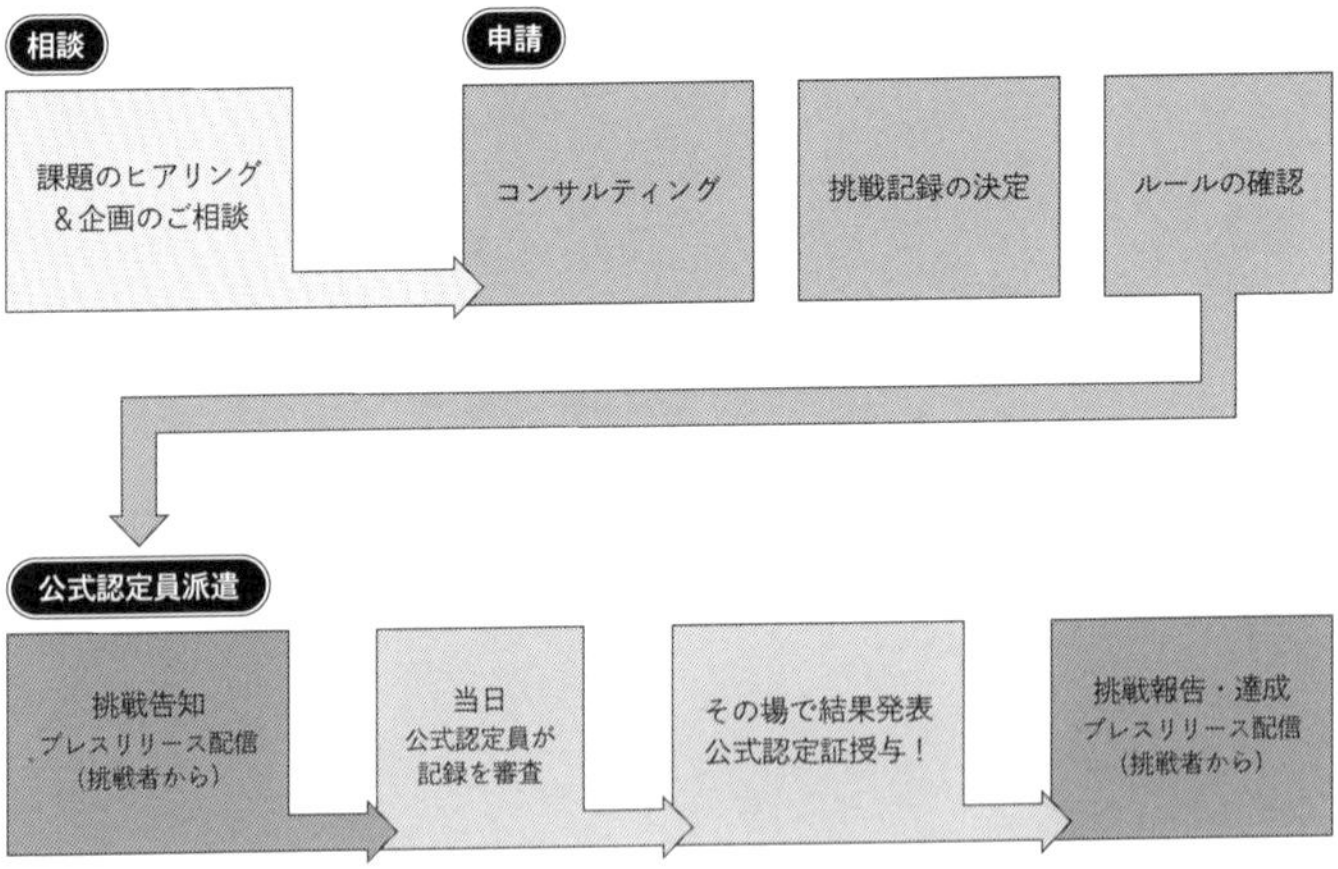

※ギネスワールドレコーズジャパン資料をもとに加筆

ーズジャパンが取り組んでいる独自のプロジェクトです。

例えば、凸版印刷が製作した『四季の草花』という世界で一番小さい本などの例があります。なんとその大きさは0・74㎜×0・75㎜。虫眼鏡を使ってやっと読めるほどの小ささです。指ではめくれないので針が必要。こうした匠の技とエピソードは世界の人々を魅了します。匠ニッポンはその架け橋となるプロジェクトです。


また「地方創生」の後押しを受け、近年盛んになっているのがギネス世界記録を通じて日本各地の町おこしを応援する「町おこしニッポン」というプロジェクトです。

例えば、石川県輪島市で行われた「最大の太陽光発電LEDのディスプレイ」は記録達成とともに絶大なPR効果を発揮したよい見本です。

世界中の人々に自然エネルギーの素晴らしさを知ってもらいたいという目的で2012年11月、輪島市役所と204人のボランティアスタッフが力をあわせ、20561個のLEDイルミネーションを完成させ、記録を樹立。「輪島・白米千枚田あぜのきらめき」として世界記録に認定されました。

この輝きを一目見ようと、訪れた来場者は予想を遥かに上回る7万人を記録。当日、公

日本の技術力、職人技などを「世界一」の名の下に
発信することを応援する匠ニッポン

世界で一番小さい印刷本『四季の草花』

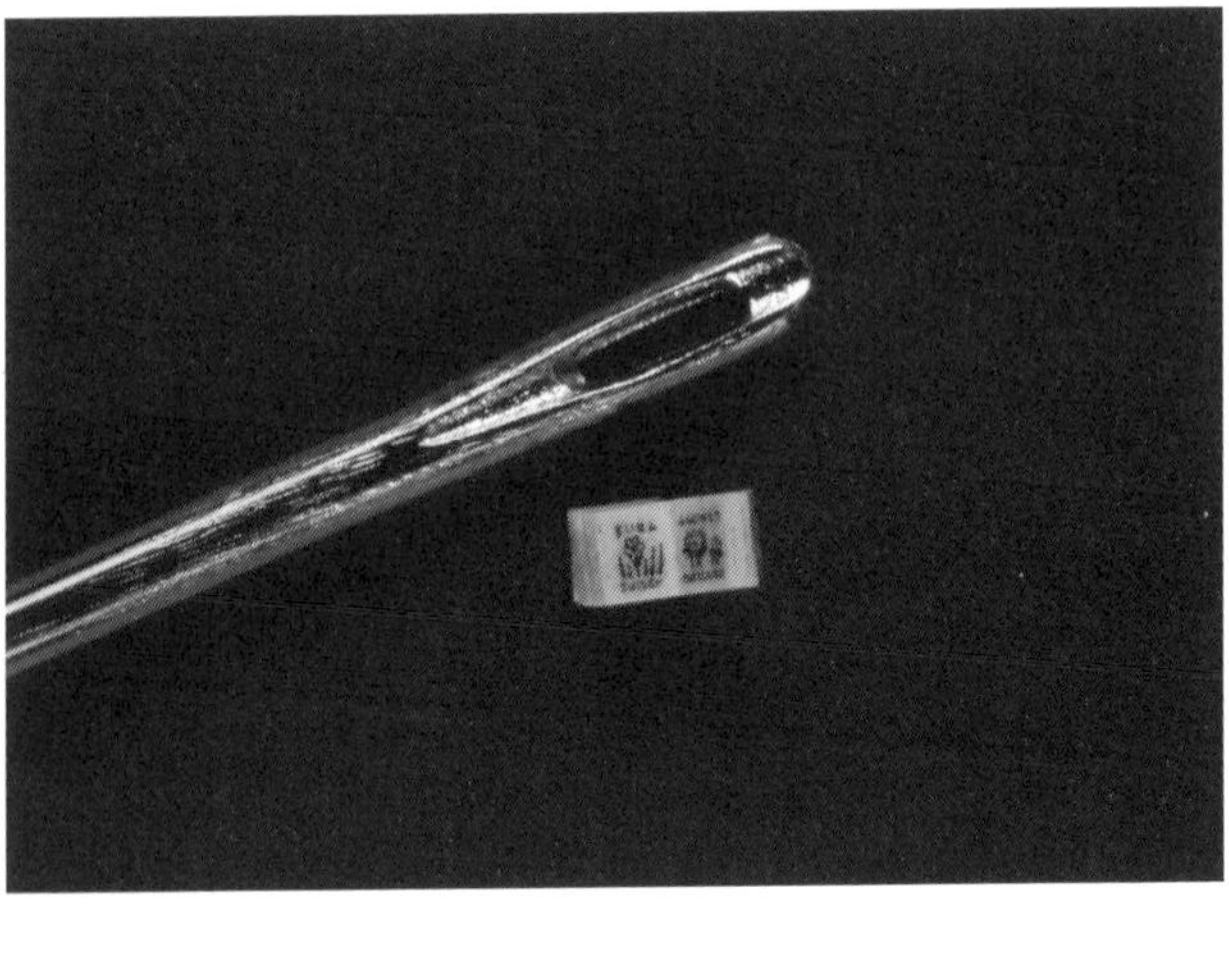

式認定員から発表された記録は新聞、テレビ、ウェブにより、世界中に広がりました。アメリカCNNの2012年を象徴する写真のひとつにも選ばれ、会期を二度も延長する人気イベントにまでなりました。

メディアに取り上げられることで、地元の認知度があがるだけでなく、本当の意味での地域活性につながる、と話題を呼び、いまではギネス世界記録を活用した地方創生の動きが日本各地に広がりはじめています。

佐賀県の「世界一長い羊羹」、熊本県の「世界一長いちくわ」をはじめ、各地の名産品や郷土品を活用することで地域ブランドを世界に発信するきっかけになる、とギネス世界記録の活用価値に気づいた全国の自治体や団体から申請が相次いでいます。ギネス世界記録は単に商品やサービスをうたうマーケティング効果だけでなく、日本の地域活性にも貢献しているといえます。

第５章 ポイント

◉ギネスワールドレコーズ社の事業内容は、テレビ、イベント、ＰＲ、ライセンシング、デジタル、出版と多岐にわたる。

◉記録挑戦に、公式認定員を招へいし、当日審査、発表まで行うことができる。

◉地方創生の切り口でも、ギネス世界記録が活用できる。

第6章

ギネス世界記録を活用した
国内外のプルーフマーケティング成功事例

これまではプルーフマーケティングやそのメソッドとしてのファクトコンテンツコミュニケーションについて話してきましたが、この章ではギネス世界記録を広告やPRに活用した国内外の成功事例を紹介します。

商品やサービスのプルーフポイントとギネス世界記録を関連づけることで、消費者にどのように伝わるのか。世界記録をとるカテゴリーの見つけ方や、商品の魅力まで伝わる絶妙なクリエイティブなど、参考になる事例を解説していきます。

海外の事例

CASE①

LGエレクトロニクス（韓国）

■記録名：Tallest house of cards built in 12 hours（12時間でつくった最も高いカードの塔）

■プルーフポイント：洗濯機の静粛性（振動が少ないこと）

■概要：LGの新洗濯機の振動がいかに少ないかを訴求するためにギネス世界記録を活用した広告です。カード積みのプロとLGがタッグを組み、「Centum System」ブランドの洗濯機の上でトランプの塔を制作することに挑戦しました。動いている洗濯機の上で組み立てることにより、その振動の少なさ、静粛性を訴求するのが狙いです。結果、12時間で1万800枚のトランプを使った48階のカードの塔、3・3メートルが完成し、ギネス世界記録を達成しました。この挑戦の模様は後日バイラル動画として放映され、反響を呼びました。

まず、この秀逸なアイデアに驚かされます。振動の少なさ、という優位性を数値化して訴求しようとした場合、「自社調べナンバーワン」といったアピールにとどまりがちです。それを洗濯機の上でトランプの建造物を立て、その高さでギネス世界記録に挑戦するとは。機能性を視覚的に分かりやすくしている表現のレトリックも絶妙ですが、振動があればカードの塔は脆く崩れて当たり前という先入観を覆し、ギネス世界記録を達成したという物語性も素晴らしい。「百聞は一見にしかず」といいますが、まさにその好例です。

洗濯機の機能訴求を考えた場合、購入決定者は主婦です。現代の女性達のライフスタイルを考慮し、仕事を持つキャリア女性が増えていくとすると、洗濯は帰宅後の深夜というケースも少なくありません。マンション暮らしであれば、当然洗濯機の振動は少ない方がよいいし、静かな方がよいはずです。思い返せば、日本でも「静御前」というネーミングでヒットを飛ばした静かな洗濯機がありました。「午前」（帰宅後、深夜に洗濯する働く女性が増えたことを受け）と「静か」のダブルミーニングの勝利で女性達の心をつかみました。

対して、このＬＧの広告は洗濯機の機能に興味のない人をも振り向かせる魅力を持っています。「いつカードが崩れ落ちるのか」というハラハラ感と世界記録達成の瞬間の感動は、性別・年代を問わず人々の情緒に訴えかけ、なおかつ記憶に残ります。

例えばカードを積み上げるチャレンジの様子を店頭のデジタルサイネージで流せば、足をとめてみる人も多いことでしょう。写真だけでもかなりのインパクトを放ち、売り場で競合との差異化を図れることは間違いありません。なんの事前情報がなくとも、洗濯機の機能性をこれ以上ないほど強い「客観的事実」として伝えているばかりでなく、ＬＧの技術力と表現力を存分にアピールする優れた広告表現の手本だといえます。

ＬＧエレクトロニクス「12時間でつくった最も高いカードの塔」で
洗濯機の振動の少なさをアピール

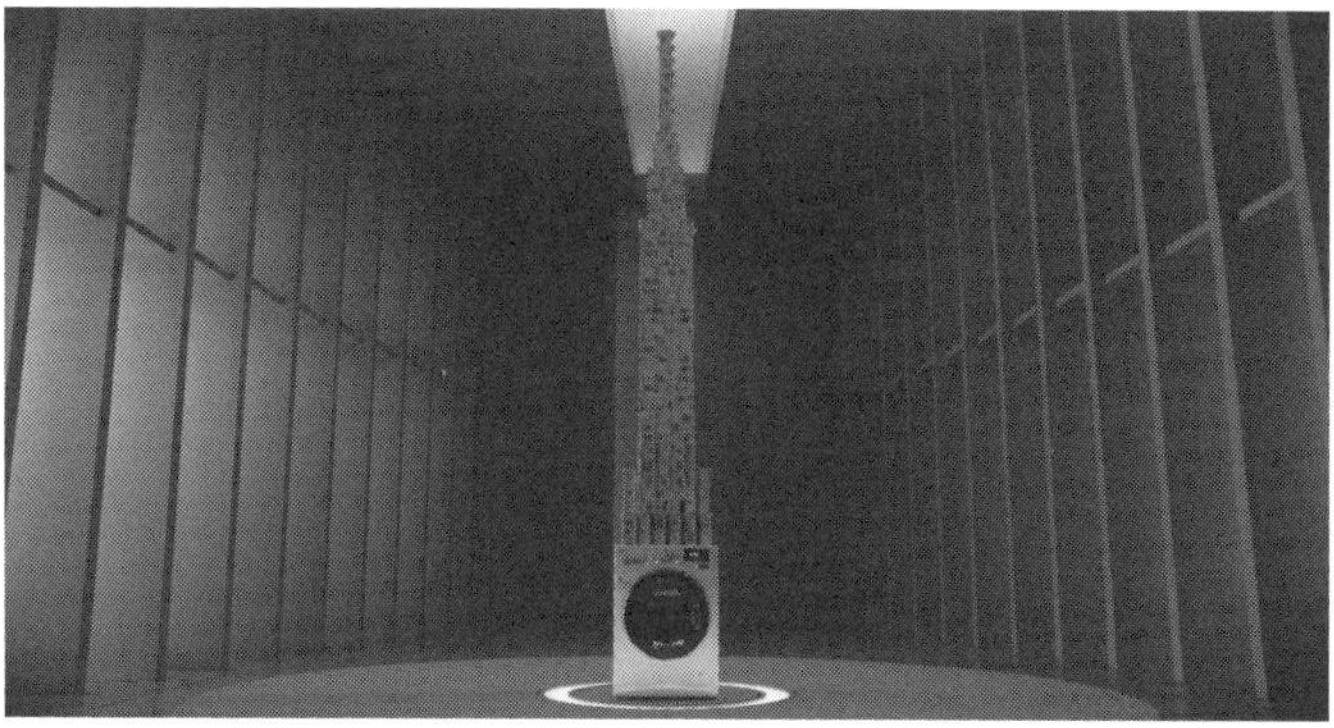

CASE②

ユニリーバ（インド）

■記録名：Longest line of washed plates（最も長い洗浄されたお皿の列）

■プルーフポイント：液体洗剤の洗浄力

■概要：固形石鹸への信頼が根強く、液体洗剤の消費率が低いインドで、ユニリーバの食器用洗剤「Vim」の有効性を伝えるため、ギネス世界記録を活用したキャンペーン。1本の洗剤で洗った皿1万5295枚を一列に並べ、その長さで記録を獲りました。1万7000食の慈善食（カレー）を貧しい人々に振る舞い、食事した後の皿をVim1本で洗うことで洗剤石鹸の有効性を訴求しました。

浜辺に並べられた黄色いプレートの長い列。このビジュアルインパクトで、これまで「液体洗剤では汚れが落ちない」と固形石鹸にこだわっていた消費者の態度を変えさせた秀逸なキャンペーンです。「この洗剤はいいですよ、汚れが落ちますよ」と単に言葉で訴えるだけでは心が動かされなかったインドの生活者に商品の性能をおしつけがましくない方法でしかも分かりやすく、ストレートに届けた成功事例といえます。食事を施す、という慈善活動がCSRとしても高く評価され、大きな反響を呼びました。

ユニリーバ「最も長い洗浄されたお皿の列」で、液体洗剤の洗浄力を示す

※2016年7月現在、ユニリーバ・タイ・トレーディング（タイ）がタイで達成した4万800枚に記録は更新されています。

CASE③

キャタピラー（ブラジル）

■記録名：Tallest sandcastle（最も高い砂の城）

■プルーフポイント：キャタピラーの建設機械の操作性

■概要：世界で一番高い砂の城を築くことによってキャタピラーの建設機械の操作性を証明する試みです。複数の建設機械が、リオデジャネイロで15日間、大量の砂を使用してつくった砂の城の高さは12・59m。見事ギネス世界記録を達成しました。

この砂の城建設映像は自社の〝Built For It〟キャンペーンと連動し、メディア露出による効果も抜群でした。またYouTubeでは170万回以上の再生を記録しています。操作の正確さを訴求するだけなく、動画から伝わる建設風景の躍動感はユーザーとのコミュニ

キャタピラー「最も高い砂の城」をつくり、建設機械の操作性を証明

ケーション手法として極めて秀逸といえます。

※この記録は２０１５年10月27日にTurkish Airlines, Ted Siebert, The Sand Sculpture Companyによって、13・97ｍに更新されています。

CASE④

ヤミー・フルーツ・カンパニー（ニュージーランド）

■記録名：Loudest crunch of an apple（りんごをかじった最大の音量）

■プルーフポイント：りんごの繊維が詰っていること

■概要：ニュージーランドのヤミー・フルーツ・カンパニーが、「りんごの繊維が詰っている＝おいしい証拠」であることを、数値化するためにギネス世界記録に挑戦しました。

かじった時の音の大きさ（79・1デシベル＝およそ目覚まし時計のベルに匹敵する音）でその繊維の密度の高さを証明しました。「りんごをかじった最大の音量」という記録を達成し、そのりんごの魅力を「おいしい」という言葉を使わずに間接的に印象付けたものです。また、記録挑戦のキャンペーンとして5000個のりんごを地域に寄付したことも話題となり、国内外でそのブランド力を知らしめることで他社との差異化を計ることに成功しました。

国内の事例

まずは国内の代表的な事例として2007年にギネス世界記録認定を受けて以降、その後も繰り返しギネス世界記録を活用した広告展開を続けているパナソニックの事例を紹介します。

年度によってはギネス世界記録への挑戦に直接関与しない事例もありますが、毎年「挑戦し続ける」という精神（スピリット）をたたえる意味で、経年で紹介していきます。

CASE⑤

パナソニック

■記録名：Longest lasting AA alkaline battery cell（最も長もちの単3形アルカリ乾電池）

■プルーフポイント：乾電池の寿命の長さと耐久性（連続使用持続力）

■概要：従来品よりもさらに長もちする長寿命乾電池「エボルタ」。この乾電池の性能訴求のため、ギネス世界記録に着目したパナソニックはまず、「最も長もちの単3形アルカリ乾電池」というギネス世界記録を2008年1月に取得します。（当初の記録挑戦は測定のみでイベントでの挑戦ということではありませんでした。2016年3月再認定）

さらに年を経るごとに「エボルタ」の性能は進化していきます。寿命の長さ、使用持続時間など証明すべき事実を追加し、「エボルタ」はギネス世界記録にさらなる挑戦をし続けているのです。

2007年8月

■記録名：Fastest car powered by dry cell batteries（乾電池を動力とする車の最高速度）

エボルタの前身であるオキシライドが、乾電池を動力とする走行最高速度チャレンジレースで平均時速105・95キロメートルを達成し、ギネス世界記録に認定されました。

2008年5月

ワールドチャレンジ第一弾と銘打ち、「エボルタ」はグランドキャニオンに挑みました。たった2本の乾電池を背負った実証ロボット「エボルタ」がグランドキャニオンの断崖絶壁に挑戦するというもの。グランドキャニオン頂上から吊り下げられたロープを6時間46分31秒で登り切り、乾電池の長もちパワーを実証しました。実はこの挑戦自体はギネス世界記録ではありませんでした。おそらく、ガイドラインでは規定外のチャレンジだったのでしょう。しかし、特筆すべきは壮大なビジュアルインパクトを放つグランドキャニオンの世界観の中で2本の乾電池を背負って健気にロープを登り続ける「エボルタ」の姿です。

このチャレンジの姿に過去のギネス世界記録の取得という実績を重ねあわせ、さらに多くの人々の記憶に、エボルタの持続力が焼き付けられた事例です。

2009年8月

■記録名：Greatest distance by a battery powered radio-controlled model car on a single charge（RC）（乾電池を動力にし、遠隔操作された車両型ロボットの最長走行距離）

たった2本の乾電池を動力とする実証ロボット「エボルタ」が、24時間耐久レースで有名なル・マンのサーキットで24時間走行に挑戦。午前10時の開始後、1時間で車両にトラブルが発生し、11時15分に再スタートさせるというハプニングに見舞われましたが、見事に24時間完走。24時間で23・726㎞を走り切り、「乾電池を動力にし、遠隔操作された車両型ロボットの最長走行距離」としてギネス世界記録にも認定されました。

※2016年現在、Arno Püpke, René Püpke（共にドイツ）が達成した106・93㎞に記録は更新されています。

2013年12月

■記録名：Longest plastic toy train track（最も長いプラスチック製のおもちゃの電車レール）

「エボルタ」が持つ「最も長もちする単3形アルカリ乾電池」という事実を証明するため、この年「エボルタ」が挑んだのはプラレール走行でした。実施場所は東京都北区立滝野川第七小学校の校舎。2014年3月をもって開校から59年の歴史に幕を閉じ、閉校が予定されている小学校でした。「最後の思い出づくりに全校児童で世界一の記録に挑戦」という企画に全校児童や教員だけでなく、卒業生をも巻き込んでのギネス世界記録への挑戦と

パナソニック「レールの長さで、児童と世界一に挑戦」

©TOMY「プラレール」は株式会社タカラトミーの登録商標です

なりました。

たった1本の乾電池を動力にしたE6系新幹線「スーパーこまち」（現・E6系新幹線「こまち」）が、校舎を背景にプラレール約5・6㎞を走破する姿は、忘れられない光景として、参加した人々の記憶の中にいまも生きているはずです。ギネス世界記録にも認定され、この日の思い出はかけがえのない一日として語り継がれることでしょう。この感動体験はテレビやウェブ動画で広く取り上げられ、大きな話題となりました。

2015年11月

■記録名：Longest distance traveled by a vehicle on a railway track powered by dry cell batteries（乾電池で線路を走行した車両の最長距離）

エボルタは、乾電池で本物のレール上で電車を走らせるチャレンジにも挑みました。挑戦したのは、川越工業高等学校電気科「電車班」の生徒たち。幾多の苦難を超えて、高校生たちが乾電池電車を一からつくり上げ、秋田県の由利高原鉄道の線路を走らせるという試みでした。単1形エボルタ600本を動力にしたエボルタ電車は途中、雨に見舞われたり、急勾配の上り坂に苦戦したりするなどして予定時間をやや遅れて折り返し地点に到着。

パナソニック「乾電池で線路を走行」、最長距離に

後半、S字カーブや踏切など難所を乗り越え、力強く走り続けた結果、奇跡的に雨もやみ、青空が広がり紅葉輝く景色の中で想定時間通りにゴールに到着。走行中、沿道から送られた声援はギネス世界記録認定のアナウンスで歓喜に変わりました。22・615㎞のコースを走破し、所要時間2時間47分9秒。平均時速8・8㎞。この挑戦は地元住民の声援を浴びながらの記録達成を果たしました。由利高原鉄道での挑戦にあたっては通勤・通学で利用する地元住民がバスでの移動に変更するといった協力あっての実現でした。

こうしたバックグラウンドのストーリーに関しては制作時より数々のメディアが取り上げており、高校生らの感動の挑戦は50分におよぶドキュメンタリーフィルムとしてテレビで放映されただけでなく、CMやウェブ動画でも活用され、大きな反響を呼びました。

ここまで列記してきたパナソニックの取り組みは一貫して「エボルタ」の耐久性を証明するものです。「長もち」という事実を人々の興味関心をひきつける最強の文脈に仕立てる表現力は毎年、脱帽させられます。テーマにする題材、かかわる人々（キャスティング）、シチュエーション、すべて見事です。

この広告により、「エボルタ」の売り上げは堅調に右肩上がりに推移しています。

ギネス世界記録を活用した広告展開をはじめ、常に成長し続けた結果、2016年8月時点で累計生産数約20億本を達成しました。

同社は、乾電池市場のシェアを拡大することを目指し、ギネス世界記録を活用したプロモーションを続けています。またエボルタのチャレンジはテレビ媒体にて多数のパブリシティを獲得しています。そのパブリシティ露出効果を換算すると優に30億円を超えると推測できます。

さらに、店頭展開においてギネス世界記録認定のロゴマークを活用することで国内外の陳列棚のスペース確保の拡大が円滑になるなど、多角的に広告活用されているのです。

CASE⑥

愛眼

■記録名：Heaviest vehicle supported by a spectacles frame（最も重い乗り物に耐えたメガネフレーム）

■プルーフポイント：メガネフレームの耐久性

■概要：メガネ「POCOP」の耐久性を訴求するために「最も重い乗り物に耐えたメガネフレーム」に挑戦。2・475トンのトラックを支え、記録達成となりました。

過去に「最大人数のブレイクダンス」で激しく踊っても眼鏡が落ちないことをPRとしたことのある愛眼。大阪の眼鏡ブランド企業として「大阪ならではの面白い取り組み」で世界一になりたいという企業精神に基づき、ギネス世界記録に挑戦したのです。

この様子はウェブ動画で放映され、話題になりました。かつて「象が踏んでも壊れない筆入」という広告がありましたが、これと同様に強烈なインパクトと思わず笑ってしまうユーモアも伴って「POCOP」の耐久性というファクトは人々に語り継がれるという広告効果を発揮しました。さらに全店舗でのギネス世界記録公式認定証の展示をし、対象メガネにギネス世界記録のロゴをつけることで売上アップに結び付けました。こうした取り組みが世間で話題となり、社員のモチベーションも上がるといううれしい波及効果ももたらしたようです。

CASE⑦

雪印メグミルク

■記録名：Most strips peeled from string cheese in one minute（1分間でさけるチーズをさいた最多本数）

■プルーフポイント：チーズのさけやすさ（食べやすさ）

■概要：雪印メグミルクの「さけるチーズ」は長年日本国内で当該カテゴリー内において独占的なポジションを維持してきました。しかし2016年春、競合他社が同じカテゴリー商品で市場参入。それを受け、参加型の「チーズをさく最多本数」の世界一に挑戦するキャンペーンを実施しました。キャンペーンでは、ギネス世界記録のチャレンジロゴを掲出。他社商品と差異化を図りました。

「ギネス世界記録に挑戦する」このキャンペーンプロセスには、二つのステップがあり、それぞれに広告効果を発揮しています。

まず、キャンペーン開始とともに、「ギネス世界記録に挑戦！」と宣言し、挑戦する題材を「さけるチーズ」をさいた本数に設定。ウェブサイト上で開催予定のギネス世界記録挑戦イベントへの参加者をクイズに答えてもらう形で公募しました。スペシャル応援団としてタレントの「夢みるアドレセンス」を起用。ＳＮＳでも投稿され、話題づくりにも成功しました。

この応募までの段階で、挑戦希望者は一体何本のさけるチーズを購入したでしょうか。挑戦前の段階で商品のプルーフポイントを購買者自らに「試してみよう」と思わせ、「さけやすさ」という客観的事実の評判形成を果たしています。さらに、チャレンジするにはまずチーズを購入しなければ始まりませんから、売り上げアップに直結させている点が、実に秀逸です。

次のステップは認定イベント当日です。２０１６年6月に開催されたギネス世界記録挑戦イベントでは1分間で33本のチーズをさいて優勝した遠藤《えんどう》 真実《まみ》さん（27歳）の記録が、見事ギネス世界記録に認定され、数々のメディアにニュースとして取り上げられました。ニュースが報道されるたびに商品がメディア露出することでのＰＲ効果もしっかり果しています。

雪印メグミルク「1分間でさけるチーズをさいた最多本数」に挑戦、
食べやすさで差異化

CASE⑧

オンワード樫山

■記録名：Largest shirt mosaic（最大のシャツモザイクアート）

■プルーフポイント：ポロシャツの豊かなカラーバリエーション（24色展開）

■概要：「名画から抽出した色の洋服」というキャンペーンを実施し、そのＰＲのために24色のポロシャツを用いて名画・ゴッホの「自画像」を作成しました。ポロシャツは既製のものではなく、すべてこのイベントのために染色されたもので、２０７０枚のポロシャツを使った世界初のモザイクアートとしてギネス世界記録に認定されました。カラーバリエーションの豊かさを証明するとともに、99・99㎡の面積を使って丸ビルのマルキューブ内に作品を展示することで来場者に対してインパクトと感動をもって商品のバリエーションの多彩さを伝えることができました。またここで展示された２０７０枚のポロシャツはギネス世界記録達成後、限定品としてオンラインで販売され、好評を博しました。

※２０１６年7月現在、Ｐ＆Ｇブラジル（ブラジル）が達成した４２２４枚に記録は更新されています。

オンワード樫山「最大のシャツモザイクアート」でカラーバリエーションを強調

CASE⑨

日産自動車

■記録名：Fastest Vehicle Drift（最速のドリフト）

■プルーフポイント：ドライビング性能

■概要：NISSAN GT-R の性能を証明するために、世界最速のドリフト走行に挑戦しました。２０１６年 GT-R の高性能モデルによって達成されたこの記録は、アラブ首長国連邦のフジャイラ国際空港の３㎞の滑走路で行われたものです。チューニングを施された GT-R と D1で活躍する、チームトーヨータイヤドリフトの川畑真人選手がドリフトの最速速度３０４・96㎞／ｈで記録達成しました。

「今までなかったワクワク」を届けるというブランド価値を非常に難しい世界記録の樹立によって実現しました。YouTube での視聴回数は１００万ＰＶを超え、マニアのみならず、幅広い人々からの関心の高さを物語る結果となりました。

日産自動車「最速のドリフト」で、ドライビング性能を伝える

CASE⑩

東洋ライス

■記録名：Most expensive rice（最も高額なお米）

■プルーフポイント：自社の熟成・精米・ブレンド・無洗米の各技術

■概要：老舗精米機メーカー、東洋ライスの「世界最高米™」が、「最も高額なお米」としてギネス世界記録に認定されました。アメリカドルでは1kgあたり109ドル、イギリスポンドでは1kgあたり82ポンド、日本円換算では「1kg：1万1304円」という価格です。2015年11月に開催された「第17回米・食味分析鑑定コンクール：国際大会」での金賞受賞の玄米の中から6品、約2tを厳選し、同社独自の熟成・精米・ブレンド・無洗米の各技術により、超ハイクラスの「金芽米」に仕上げたことをアピールしました。世界最高米は、日本のコメの評価を国際的に高めるとともに、コメ生産者に夢と希望を持ってほしいとの願いからギネス世界記録を活用することで国内外の注目を集めることを成功させた事例です。同商品は国内の通販サイトで販売を行いましたが、最初の30箱は即完売しました。その追加で販売した300箱もたちまち完売。海外においても多くの問い合わせがあり、海外での販売分も完売となり販売においてもうれしい記録を更新しました。ま

東洋ライス「最も高額なお米」で国内外の注目を集める

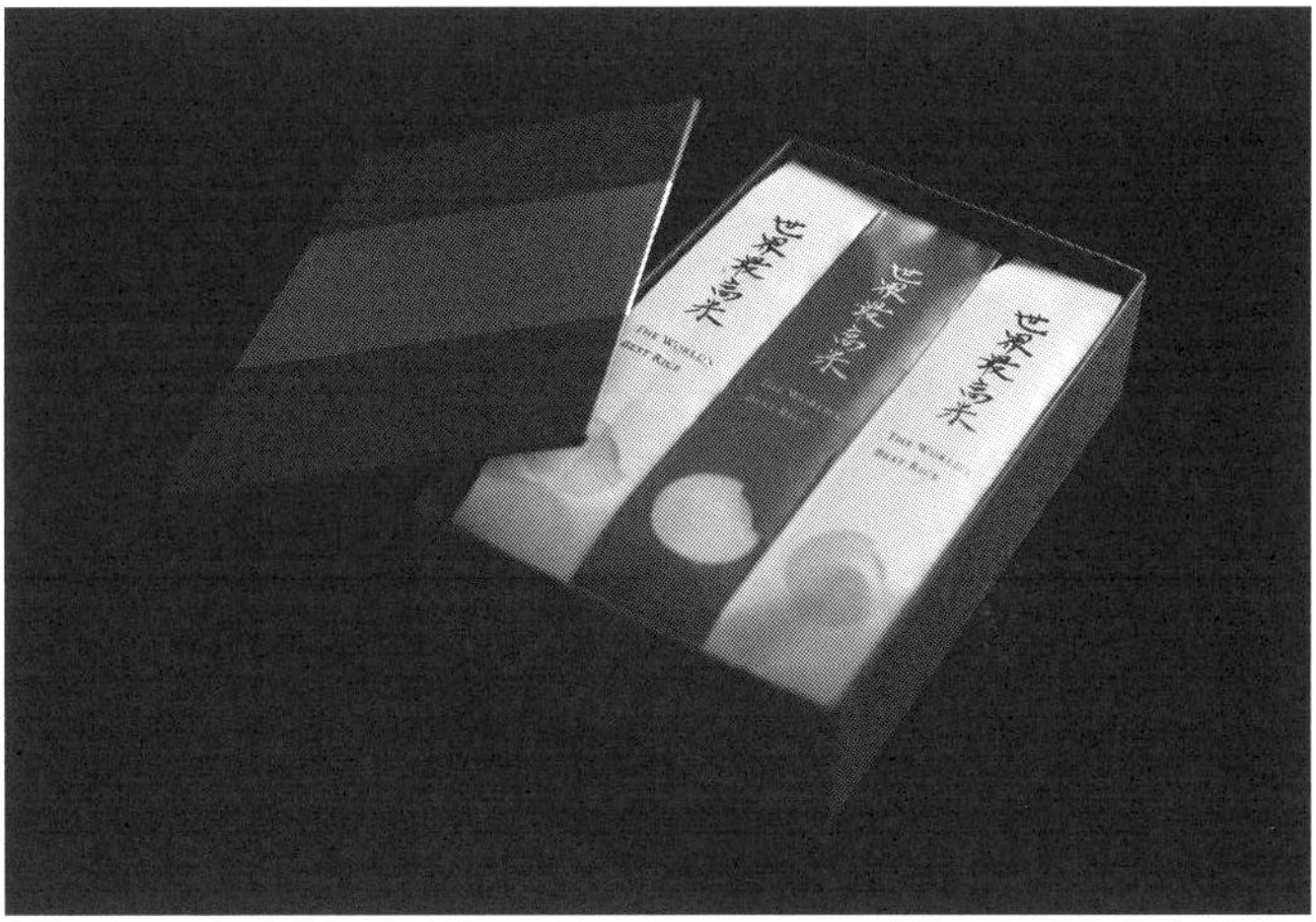

さに日本発のグローバル展開のよい見本です。世界に向けて日本のコメの価値訴求を発信する上で、ギネス世界記録のお墨付きが一役買った好例といえましょう。

ここまでは、商品の売上増大を見据え、ギネス世界記録を広告活用した事例を、プルーフマーケティングの観点から紹介してきましたが、企業のブランド価値を高め、PR効果に結び付けた事例も紹介しておきます。

特に注目したいのは、BtoBビジネス企業における広告や、企業に親しみを感じさせる感動・驚き動画など、企業ブランドの価値を高めるためにギネス世界記録を活用する事例です。商品やサービスの機能やUSPといった具体的な「事実」の証明に終始するだけでなく、企業としてのメッセージや世界観を「世界一」というギネス世界記録の後ろ盾を得ることで、さらに強固にしていくというやり方です。スケールの大きさに驚かされ、感動に値する仕上がりになっています。

PR事例

CASE⑪

インテルコーポレーション（米国）

■記録名：Most Unmanned Aerial Vehicles（UAVs）airborne simultaneously（同時に飛ばしたUAV（無人航空機：ドローン）の最多数）

２０１５年11月初旬、照明を装備した１００機のドローンがハンブルクの空に舞い、３Dの模様とメッセージそしてインテルのロゴマークを宙に描き出しました。これこそ、記録誕生の瞬間でした。ドローン１００と銘打たれたこのショーは、同時に飛ばしたＵＡＶの最多数でギネス世界記録を達成しました。ドローンがオーケストラの生演奏（ベートーヴェン『運命』）に合わせて光のショーを行うというインテルが主催したこのイベントはその壮大な世界観と美しさが話題を呼び、世界各国のメディアに取り上げられました。ギネス世界記録への挑戦を企てた15名のチームは、ショーに使ったドローンを「スパクセル」と名

インテルコーポレーション「同時に飛ばした最多の無人航空機」

付けました。これは、「スペースピクセル」からの造語です。

この施策の背景には社会的な問題も多いドローンを、世の中によいものとして認識してもらいたいという思いがあったそうです。闇夜に浮かび上がる美しい光のショーを成功に導くには当然、多くのエンジニアとインテルの技術力のサポートが不可欠です。この映像を通じて、インテルは未来に焦点をあてた企業としてのメッセージと技術力を同時に世界に向けて発信したのです。

※2016年、インテルコーポレーションはドローン500機での飛行で記録を更新しています。

CASE⑫

ジャガー（イギリス）

■記録名：Largest loop the loop in a car（車で走った最大のループザループ）

ジャガーは新車F-PACEの公式発表としてギネス世界記録挑戦の場を選択しました。クロスオーバーというジャガーとしては初の車種への新たな挑戦の表明でもあり、F-PACEの性能、速さ、軽さを証明するお披露目の舞台でもありました。まさにその場でギネス世界記録に挑んだのです。挑戦の舞台となったのは、フランクフルトのニーダーラートトレース場に設置された直径19・08mの巨大ループ。これまでの世界記録である18・29mよりも80㎝ほど高い、世界一のループです。ループに突入した際に身体にかかる6・5Gの衝撃に耐えるため、ドライバーのテリー・グラントは厳しいトレーニングをこなし、身体を万全な状態に仕上げてきたということでした。ジャガー80周年記念ということもあり、巨大ループを80のゼロに見立て、壮大なショーに仕立てた演出は見事です。その場でギネス世界記録に認定され、華やかなパフォーマンスを通じて、世界に新車種のデビューを印象付けました。

いかがでしょうか。この壮大なスケール感を演出するための莫大な予算を推測すると、マーケターのため息が聞こえてきそうです。

とはいえ、このように「世界一」の証明機関であるギネスワールドレコーズ社は名だた

ジャガー「車で走った最大のループザループ」

る企業やブランドからパートナーとして選ばれ、ギネス世界記録=「世界一」のお墨付きこそが、さらなるブランドの価値の向上に貢献している事実がお分かりいただけたのではないでしょうか。気づいた企業は始めています。ご紹介した事例の数々をヒントに、御社も「世界一」の仲間入りを果たしませんか。

第6章 ポイント

◉世界記録に挑戦する過程に物語性があるので、商品自体に関心がなかった人を振り向かせることができる。

◉ギネス世界記録を、広告のみならず、店頭展開にも使うことで、消費者との販売接点でのコミュニケーションを円滑にする効果が期待できる。

● 第7章

ギネス世界記録を最大活用する

実証型コミュニケーションのヒント

前章ではギネス世界記録の活用事例を紹介してきました。最終章では架空のモデルケースを例にファクトコンテンツコミュニケーションのプランニングフローの活用方法を示すとともに、プルーフマーケティングとしてのギネス世界記録の強みをおさらいしていきます。プルーフマーケティングを取り入れてみたい読者の皆さんのヒントになればと思います。

ギネス世界記録を活用したプルーフマーケティングのケーススタディ

CASE①／世界一辛いカップラーメンの商品開発を目論むA社

〈想定背景〉

世界的に人気の韓国の「辛ラーメン」、カレーや麻婆豆腐の激辛レベルを競い合う各種イベントやハバネロをはじめとする激辛商品など、辛い食べ物は世代や地域を問わず、一定の需要があると判断した食品メーカーA社は、世界的なラーメンブームとの相乗効果を狙い、カップ麺におけるグローバル商品の開発に乗り出します。世界で通用するラーメンを目標として開発を模索する中、ギネス世界記録を活用することを思いつき、検討することになりました。

STEP1／ファクトプランニング

まずは証明すべき事実＝プルーフポイントを発見し、設定することが肝心です。ファクトを洗い出した後、目指したいナンバーワンが既にギネス世界記録で認定されていないか、類似商品やサービスはないかを調べます。

「世界一辛い」のカテゴリーを調査したところ、「世界一辛いカップ麺」はギネスカテゴリーで認定されていないことが分かりました。この調査中、ギネス世界記録に認定されている世界一辛い素材（死神の異名を持つ、キャロライナ・リーパー）があることを発見。この素材を使用してカップ麺開発に着手することが可能だと分かりました。

STEP2／プロセスデザイン

次に「世界一辛いカップ麺」でギネス世界記録を取得するまでのプロセスを設計してい

きます。既にギネス世界記録として認定されている「世界一辛い素材」を用いてカップ麺を開発すると同時に、さらにもっと辛い素材はないか、隠し味などで奥行きを与えて辛さを引き立てられないかなど商品開発の試行錯誤の末、結果、キャロライナ・リーパーよりも辛い素材を取り入れた世界一辛いラーメンを開発することができました。毎日辛い物を試食し続けるスタッフの苦労や辛さを際立たせるために必要なスパイスの効用などを調べるうちに、この開発秘話のプロセスそのものがラーメンブームの昨今において強力なコンテンツになるとの気づきを得ます。

STEP3/コミュニケーションプランニング

かくして取得した「世界一辛いカップ麺」という事実を活用したコミュニケーションをプランニングしていきます。マスメディアから店頭展開までどのような媒体にいかなるタイミングで露出すべきかの戦略を立てていきます。辛い物好きで知られる著名人による「世界一辛いカップ麺に挑戦!」と銘打ったテレビCMはもとより、商品開発秘話のドキュメンタリー番組、書籍刊行、試食イベントなどによる消費者キャンペーンなどあらゆる可能性を探っていきます。パッケージに「ギネス世界記録認定」のラベルを貼れば、店頭陳列

世界一辛いカップラーメン

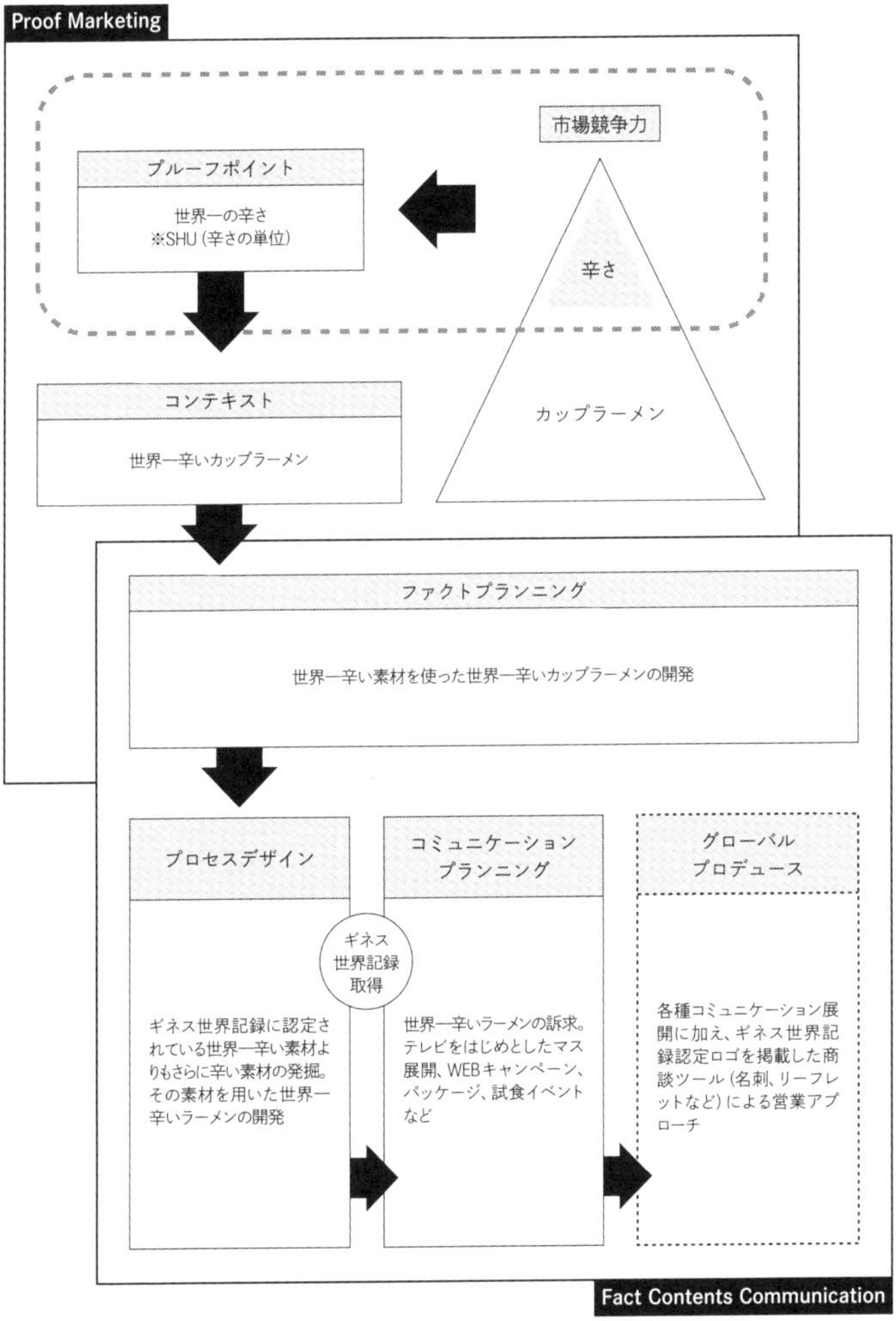

の際、それだけで差異化できることも大きなポイントです。

STEP4／グローバルプロデュース

「世界で一番」というギネス世界記録のお墨付きが最も威力を発揮するのはグローバル展開です。各国でのプロモーション展開に有利になるだけでなく、営業の際、名刺にギネス世界記録認定ロゴを掲載することで商談がスムーズになるといううれしい特典があります。この効果が絶大であることは各社で実証済みです。

CASE②／自社製品であるハンディクリーナーの売り上げ強化を目論むB社

〈想定背景〉

B社のハンディクリーナーはこれまで業界シェアナンバーワンを誇っていました。コンパクトで吸引力、持続力など商品機能の優位性は自信を持っていましたが、競合他社が主婦層に絶大な人気を持つママタレントの起用により、売上シェアを急激に伸ばしたことに危機感を募らせたB社。ナンバーワンの底力を、ブランド力を高めながら訴求する方法について模索するうちに、「ギネス世界記録」という第三者機関のお墨付きをもらうことでさり気なく、しかし圧倒的な威力でナンバーワンを伝えることを思いつきます。

STEP1／ファクトプランニング

消費者に訴求したいプルーフポイントは「軽さ」＝操作性能、「よく吸う」＝吸引機能、「充電長もち」＝持続性機能の3つのポイント。ハンディクリーナー市場においてはこの「ファクト」の優位性が勝負の明暗を左右する重要ポイントです。しかも、その3点を同時に証明し、かつユーザーにブランド力を強く印象付けたい。次にそのためのコミュニケーションの仕方を考えていきます。

STEP2／プロセスデザイン

ダイレクトな機能訴求ではない、消費者の気持ちを揺さぶり、感動を与えることでブランド力を印象付けたいというB社の希望を叶えるため、ハンディクリーナーを使って世界一大きな砂絵を描くことに挑戦することを起案しました。ギネス世界記録の認定カテゴリーは「世界一大きな砂絵」。この砂絵を描くことで訴求したい3つのポイントを間接的に証明できるだけでなく、ナンバーワンのスケール感と圧倒的なブランドイメージを植え付けることを可能にする、というシナリオです。大きなシートに色とりどりの砂を均等に敷き、掃除機で砂を吸いながら絵を描いていくビッグアイデアは、巨大な砂のキャンバスに少しずつ絵が浮き出てくるイメージです。絵をラクラクと描ける「軽さ」と、吸い取った砂の量で「吸引力」を印象付け、さらに巨大な絵を描く時間の長さで「充電の長もち」、持続力を証明することができます。ここでポイントとなるのは「何を描くか」です。

STEP3／コミュニケーションプランニング

「何を描くか」。砂絵のモチーフ選びがコミュニケーションの肝となります。世界一に挑戦するプロセスで、熊本県の復興を願う思いを伝えられたらCSRの意味でも社会貢献になるかもしれない。そして「熊本城」がモチーフとして選ばれました。何としても完成させたい、という思いは熊本復興への思いとなってマスメディアの報道により、瞬時に伝わることでしょう。ギネス世界記録を取得することで熊本に勇気が届けば、それだけで意義のあるコミュニケーションが成立します。さらに、熊本城復活のヴィジョンをその場に居合わせた人々が共有体験するプロセス自体、かけがえのない価値となることは間違いありません。

STEP4／グローバルプロデュース

砂絵のモチーフを変えることでグローバル展開も考えられます。世界には未だ戦火の絶えない地域が少なくありません。世界平和はすべての人の願いであり、祈りです。砂絵でピカソのゲルニカを描き、さらにハンディクリーナーを使って「消し去る」ことで伝えられるメッセージはあるはずです。話題の獲得だけでなく、ハンディクリーナーを使える日常の尊さを企業として発信することでCSRの効果も期待できます。また、クールジャパンと世界が賞賛するアニメキャラクターをモチーフとして、世界とコミュニケーションする展開もあるでしょう。

ハンディクリーナーで描く世界一大きい砂絵

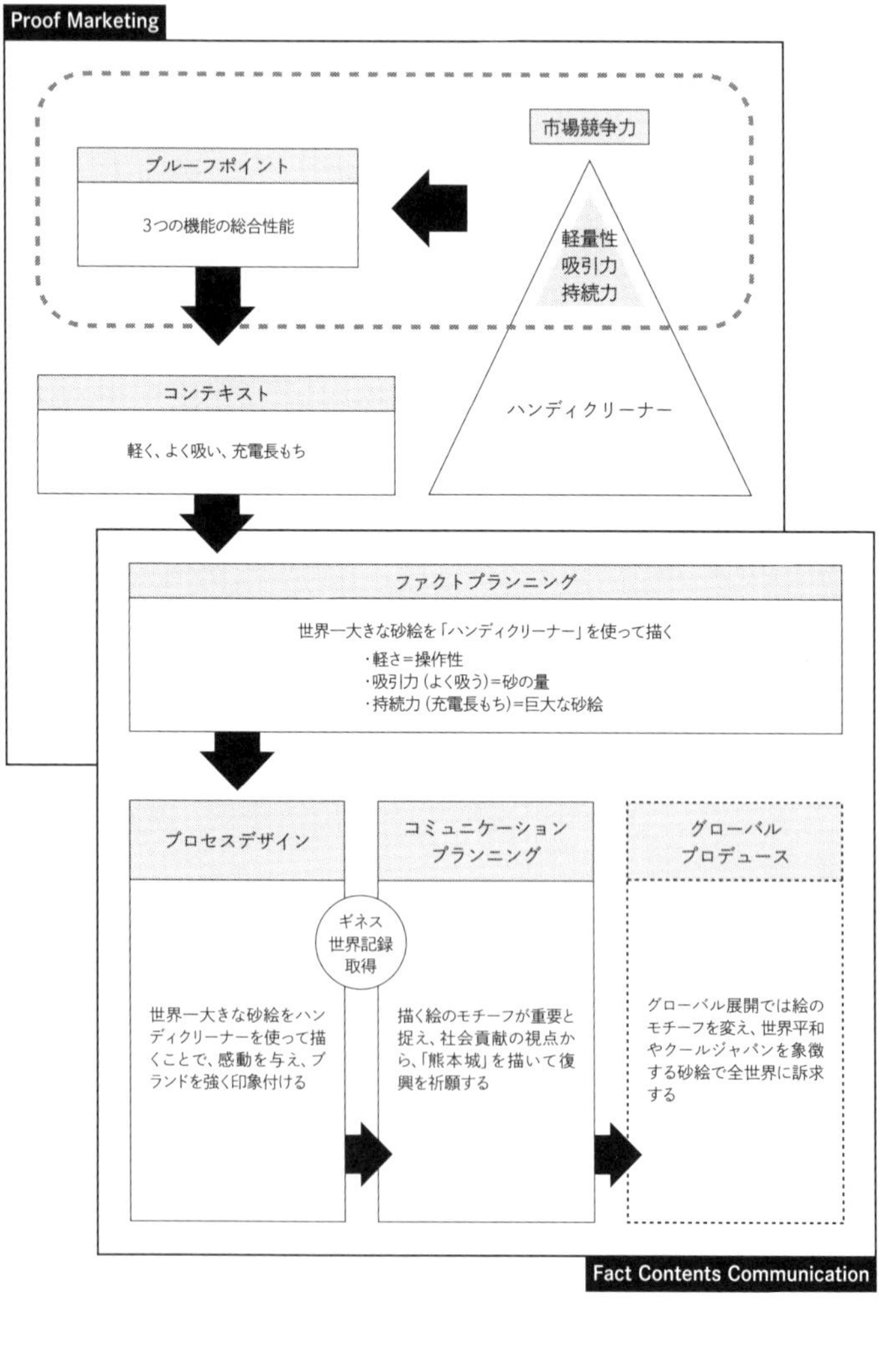

CASE③／家庭用太陽光パネルの一般普及に苦戦しているC社

〈想定背景〉

自家発電の潜在ニーズは高まっているものの、施主に太陽光パネルの設置に関して工務店や受託メーカーが主導になってセールスしてくれるという状況でもなく、「太陽光パネル」の機能訴求以前に興味関心を持ってもらうための「話題性」が最優先事項の課題とするC社。指名を得るためには、認知獲得が先決であると考え、自然発電の分野では日本よりも進んでいる世界に向けてのグローバル展開を視野に入れ、ギネス世界記録を活用することを思いつきました。

STEP1／ファクトプランニング

商品が持つ強み、証明すべき要件は「安定的発電力」です。この市場においてユーザーが商品を選ぶ際の「明確な基準」が定まっていない中で、指名買いしてもらうためには太陽光パネルの安心感とブランドの信頼性を同時にイメージづける必要があります。

STEP2／プロセスデザイン

ギネス世界記録に認定してほしいファクトをさらにシンプルに探求していくと、最も分かりやすいメッセージは「明るさ」だと思い至ります。想定しているキャンペーン時期がクリスマスシーズンだということもあり、「世界一明るいクリスマスツリー」に挑戦することになりました。大きなクリスマスツリーを1カ月間太陽光パネルの発電だけで点灯することをうたえば、明るさだけでなく、持続力もアピールすることが可能です。

STEP3／コミュニケーションプランニング

世界一のお墨付きが獲得できれば、最も有名な太陽光パネルのポジションに立つことができます。そうなれば、自家発電を検討するユーザーの第一想起ブランドとなる確率は格段に上がりますし、指名買いを得ることも夢ではありません。

STEP4／グローバルプロデュース

太陽光パネルの品質の高さはクリスマスツリーの輝きが全てを物語ってくれます。ノンバーバルコミュニケーションの強みを活かし、ギネス世界記録としてYouTubeなどで動

家庭用太陽光パネルで発電させる世界一明るいクリスマスツリー

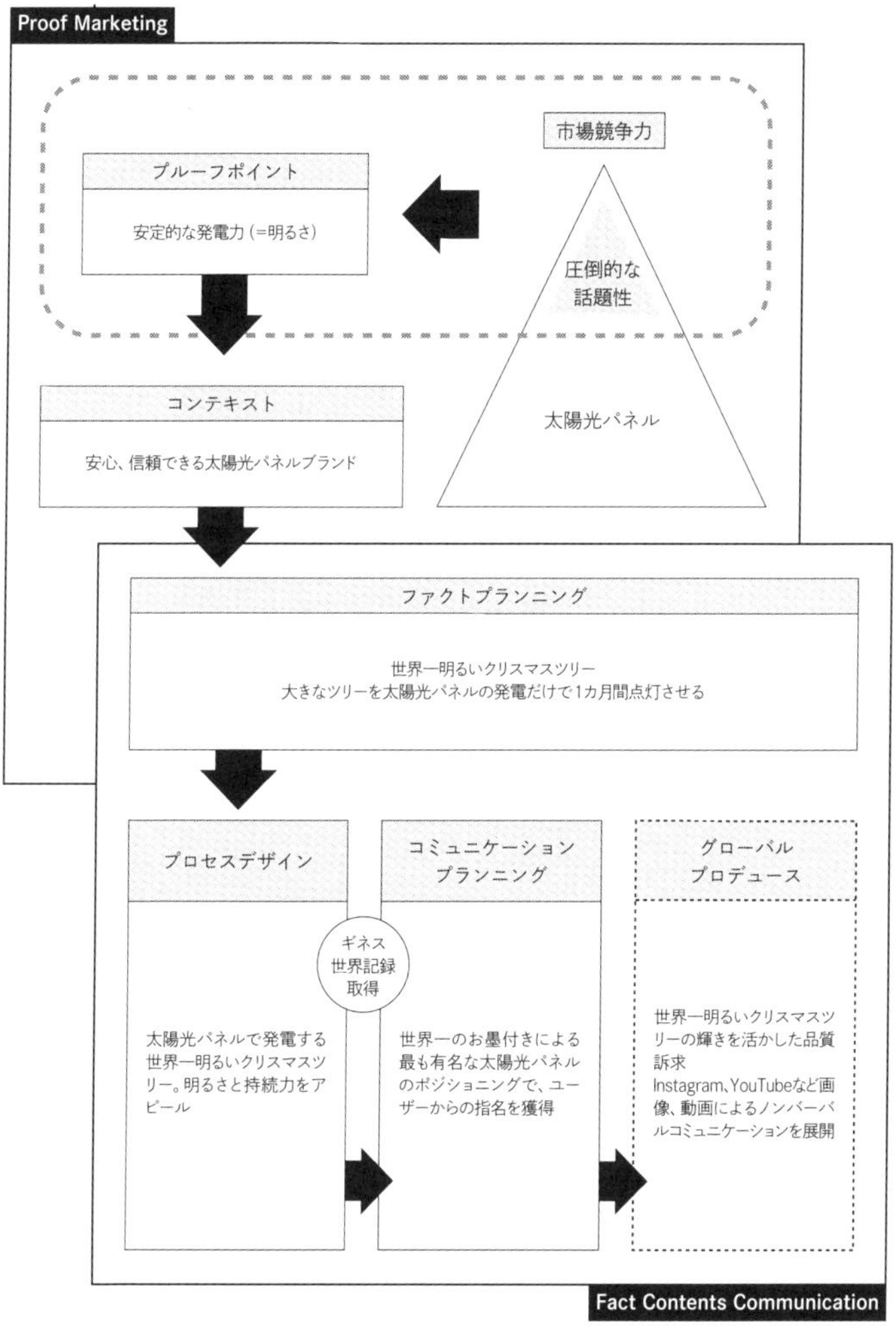

画をアップすれば、瞬く間に世界展開も可能です。

具体的なプロセスをイメージしていただくため、3つの仮想事例を紹介してきました。ファクトコンテンツコミュニケーションの活用によって自社のサービスや商品がこれまで以上に市場に受け入れられる飛躍的な可能性を感じていただけたでしょうか。

次ページの「プルーフマーケティング／ファクトコンテンツコミュニケーションのプランニングフロー」の図を参考に、皆さんも実践してみてください。

最後にプルーフマーケティングの視点から見たギネス世界記録の強みをおさらいしていきましょう。

企業の大小問わず、活用できる

世界ナンバーワンになるためには、売上や生産高など数値化できる記録があれば明快で瞬時に伝わります。しかし、それだけではありません。自社製品のチャームポイント、U

プルーフマーケティング／ファクトコンテンツコミュニケーションのプランニングフロー

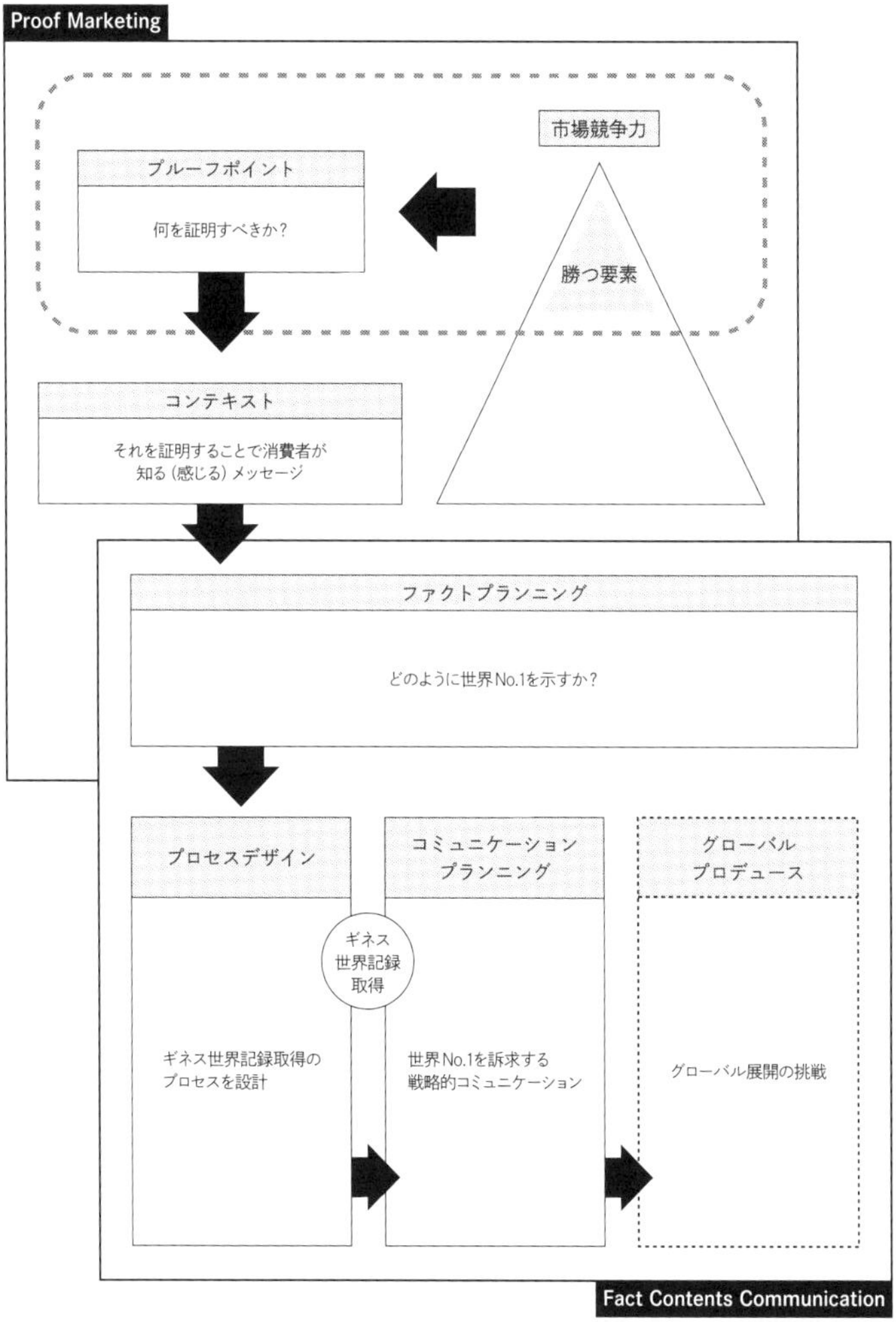

SP自体をギネス世界記録への挑戦に値する有効な切り口にすることができます。第6章の事例にあったとおり、USPを際立たせるような、世界一への挑戦をすることで、ドラマが生まれ、人々を振り向かせるコンテンツになるのです。カギとなるのは、自社の評判形成に有効に働く「プルーフポイント」をいかに見極められるか。そしてどんなチャレンジをするかのアイデア。そこに企業や組織の大小は関係ないのです。

自社のプルーフポイントと「世界で一番」という客観的事実。それを証明する、ギネスワールドレコーズ社が、商品やサービスにお墨付きを与え、唯一無二であるという付加価値が付与されます。やがてそれはブランド価値の醸成にもつながることは間違いありません。

デジタル化で爆発的な情報に取り囲まれている消費者は、興味のない情報はスルーしますが、自分と関係のある「リアルな情報」には興味関心をもって振り向くものです。ランキングをはじめとする第三者による客観的事実の裏付けが、購買行動に影響を与えているのは、皆さんもご存じのとおりです。購入を後押しする、客観的な事実、分かりやすい「旗」があれば、消費者は安心して決断できます。その意味においても「世界一」というギネス世界記録の客観的事実は、消費者に伝わりやすく、信頼できる強力な「旗」となりうるわけです。

ギネス世界記録挑戦のイベントを用いて、「地方創生」として地域活性化に貢献していくこともできます。その代表的な活動が、ギネスワールドレコーズジャパンで行っている「町おこしニッポン」というプロジェクトです。「町おこしニッポン」の目的は地域のPRをはじめ、集客力のアップ、海外への情報発信、経済効果、地域の一体感を高めるというエモーショナル効果など。地域の特産品や農産物、工芸品だけでなく、地域で行われる催事やイベント、祭、伝統文化などを対象に、世界一への挑戦を行い、「世界一」を通じた町おこしをサポートしています。

地域野菜を使った野菜のモザイクアートで世界記録を達成した兵庫県加古郡稲美町役場や、「フルーツ（りんご）の格好をした人の最大の集まり」で世界記録に認定された青森県りんご対策協議会など、地元民によるコミュニティーチャレンジも盛んで、チャレンジする題材の多さにも驚かされます。

青森県のりんごの記録挑戦では、こんな後日談がありました。記録認定された年はりんごの収穫量が例年よりも少なかったにもかかわらず、消費量がなんと例年比の125％を記録したのです。ギネス世界記録挑戦イベントの模様はのべ59媒体で取り上げられ、その広告費を換算すると1億3200万円にのぼります。ギネス世界記録に挑戦する参加型のイベントを開催することで、青森のりんごにかかわる人のモチベーションと青森りんごを愛する気持ちに何かしら影響をおよぼしたという実感があります。

効果を最大化するための、取得後の活用ポイント

ギネス世界記録は、厳しいガイドラインをクリアし、認定されたものです。取得した記録を広告として最大限に活用しない手はありません。その活用法のポイントを簡単に振り返っていきましょう。

まずは記録に挑戦する題材選び、すなわちプルーフポイントの発見が肝心です。マーケティング目標に合致させたファクトを企画開発すると同時にキャンペーンやプロモーション、店頭展開に至るまでの一気通貫したコミュニケーション戦略をプランニング

することで最大の効果を発揮します。

「ギネス世界記録」という共通言語はマーケターをはじめ、現場の営業、宣伝、広報、販促スタッフ、売り場の販売スタッフまで、商品にかかわるすべてのスタッフに瞬時に行きわたる、共通メッセージであり、セールストークになります。

ギネス世界記録のロゴを名刺に印字することで海外折衝がスムーズになったという前例がありますが、ロゴ使用は世界共通のお墨付きであり、世界中に開かれた新たなビジネスチャンスへの扉であり、商品展開においては消費者の購買意思決定を促す強力な武器となります。


マーケティングの目的や目標に合わせ、顧客にメッセージしたいファクトは何か？　マーケティングの課題解決に合わせて世界記録カテゴリーを選択することで、ソリューションの手法が見えてきます。しかもギネス世界記録が「世界で一番」を証明することで、世界共通のブランド価値が付加されるというわけです。

その意味で、ギネス世界記録を活用したマーケティング戦術は「間口を広く」「世界に向けて扉を開く」「世界一分かりやすい旗を立てる」マーケティング戦略といえます。デジタル化による情報接触の変化を考慮し、効率化を求めてターゲットをセグメンテーションすることに限界を感じはじめているマーケターの皆さん、こんな時こそ「逆を張れ」の戦術も有効なのではないでしょうか。

「ギネス世界記録」は世界に通じる扉です。世界とつながるソリューションがここにあります。御社も挑戦してみませんか？

第7章 ポイント

◉企業の大小問わず、マーケティング課題に合わせて、ギネス世界記録に挑戦をすることで、世界とつながる扉が開く。

◉世界記録挑戦の告知、認定、認定後のプロモーション展開と長期にわたって、コミュニケーション施策に活かすことができる。

おわりに

最後までお読みいただき、ありがとうございます。

本書で説いたプルーフマーケティングの手法は客観的事実の証明です。ファクトをベースにしたコミュニケーションにすることで人々に興味関心をもって情報を伝える、という戦術です。

ファクトとは常に公明正大で沈着で理知的なものと捉えられがちですが、ファクトを生み出すまでには、ドラマがあります。感動を呼ぶこともある。その感動という強い感情が、人を動かします。ギネス世界記録への挑戦はこの「感動」を体験できる素晴らしい仕組みなのです。

感動と驚きで見聞きした体験は、個人の個々のエピソードとして深く長く記憶されます。記憶に残れば、当然、第一想起につながる確率も高まります。

マーケティングの最大の命題は「販売拡大」と書きましたが、その効果を最大に発揮するためには、その前段階にある認知、興味、関心が満たされる必要があります。

いうまでもなく、ギネス世界記録というファクトはその必要不可欠の要件を兼ね備え、なおかつ人の心を満たす、余りあるほどの魅力があります。

海外の名だたる企業がブランド価値向上のためにギネス世界記録を活用したキャンペーンを競うように実施しているのは、ファンを増やす最も効果的な方法だと気づきはじめている証です。語られるコンテキストは千差万別ですが、そこで生まれたコンテンツに共通して描かれているのはやはり、「挑戦する勇気」にほかなりません。

国内外の優れた事例を参考にしながら、マーケターとしてこれまでにない新しい文脈づくりに挑戦していきたいと思いますし、トライ&エラーを恐れず、挑戦しつづける勇気をもって取り組んでいきたいと思います。

最後に本書の執筆にあたり、ご尽力、ご協力をいただいたみなさまにこの場を借りて感謝を述べたいと思います。

宣伝会議の澤田さん、浦野さん、砂塚さん、D2Cの明海さん、アサツー ディ・ケイの徳重さん、水野さん、そして、ギネスワールドレコーズジャパンの小川さん、ヴィハーグさん、成瀬さん、丸山さん、船津さん、本当にありがとうございました。

ギネス世界記録を活用したプルーフマーケティングが、マーケターの前に立ちはだかる壁を打ち破ることを祈ってやみません。

2017年2月 岩﨑 慕了

参考文献

『マーケティング戦争』
アル・ライズ／ジャック・トラウト 共著　酒井泰介 訳　翔泳社
『最新 認知心理学への招待』
御領謙／菊地正／江草浩幸 共著　サイエンス社
『ソーシャルインフルエンス』
本田哲也／池田紀行 共著　アスキー新書
『サブリミナル・インパクト』
下條信輔 著　ちくま新書
『パワーロジック』
内藤誼人 著　SB文庫
『パーソナル・インフルエンス』
E・カッツ／P・F・ラザースフェルド 共著　竹内郁郎 訳　培風館
『こうすれば必ず人は動く』
デール・カーネギー 著　田中孝顕 訳　きこ書房
『影響力の武器』（第二版）
ロバート・B・チャルディーニ 著　社会行動研究会 訳　誠信書房

株式会社アサツー ディ・ケイ(ADK)

世界最大のコミュニケーショングループであるWPPグループの一員であり、日本国内では第3位の広告会社。

「コンシューマー・アクティベーション」=「消費者に具体的な行動を起こさせ、クライアントのビジネス成果に貢献すること」にゴールに置き、従来の広告会社のビジネスモデルに捉われず、統合的なコミュニケーションサービスを提供している。

http://www.adk.jp/

ギネスワールドレコーズジャパン株式会社

60年以上にわたってあらゆる世界記録の審査・認定を行なう唯一無二の調査機関。4万件以上の世界記録を管理しつつ、記録をまとめた書籍を毎年100カ国以上で発行している出版社でもある。

日本支社を設立以来チーム一同「日本と日本人の素晴らしさを世界に広めたい」という想いを抱き、「町おこしニッポン」「匠ニッポン」を通じて日本の記録の発掘と人々の挑戦を刺激し続けている。

http://www.guinnessworldrecords.jp/

MOTONORI IWASAKI
岩崎 慕了
株式会社アサツー ディ・ケイ
コミュニケーションプランナーとして、コンテンツを基点としたコミュニケーション開発に重点を置き、様々な業種のプランニングを担当。ギネスワールドレコーズ社は日本への参入時から戦略パートナーとして活動をサポートしている。現在はオリジナルコンテンツの開発や新規事業開発に携わるとともに、海外ライツの獲得や、海外ビジネス展開にも注力している。

PROOF MARKETING
ギネス世界記録®の市場突破力

発行日　2017年2月25日　初版

著者
岩崎 慕了
協力
ギネスワールドレコーズジャパン株式会社
発行者
東 英弥
発行所
株式会社宣伝会議
〒107-8550 東京都港区南青山3-11-13
TEL.03-3475-3010
http://www.sendenkaigi.com/
執筆協力
砂塚美穂
装丁・本文組み設計
トサカデザイン（戸倉 巌、小酒保子）
印刷・製本
中央精版印刷株式会社

ISBN 978-4-88335-377-4

宣伝会議 の本

The Customer Journey

加藤希尊 著

カスタマージャーニーの実践的活用法を初めて体系化。ANA、ネスレ、レクサスなど、30社の事例でわかりやすく解説。顧客視点のマーケティングを実現するための思考と技法が身につく一冊。

■本体1600円＋税　ISBN 978-4-88335-342-2

手書きの戦略論

磯部光毅 著

コミュニケーション戦略を「人を動かす人間工学」と捉え、併存する戦略・手法を7つに整理し、その歴史変遷と考え方を〝手書き図〟で解説。体系的にマーケティング・コミュニケーションを学べます。

■本体1850円＋税　ISBN 978-4-88335-354-5

すべての仕事はクリエイティブディレクションである。

古川裕也 著

「クリエイティブで解決する」という職能をわかりやすく、すべての仕事に応用できる技術としてまとめた本。電通クリエイティブのトップである古川裕也氏、初の著書。

■本体1800円＋税　ISBN 978-4-88335-338-5

【宣伝会議マーケティング選書】デジタルで変わるマーケティング基礎

宣伝会議編集部 編

デジタルテクノロジーが浸透した社会において伝統的なマーケティングの解釈はどのように変わるのか。いまの時代に合わせて再編したマーケティングの新しい教科書。

■本体1800円＋税　ISBN 978-4-88335-373-6